Dunkelheit mit einer Prise Schmerz

Dunkelheit mit einer Prise Schmerz

Dunkelheit mit einer Prise Schmerz

Dunkelheit mit einer Prise Schmerz

Impressum
1.Auflage

Verlag:
BoD · Books on Demand GmbH,
In de Tarpen 42, 22848 Norderstedt,
bod@bod.de
Druck:
Libri Plureos GmbH,
Friedensallee 273, 22763 Hamburg
ISBN: 978-3-7693-5527-7

MIX
Papier aus verantwortungsvollen Quellen
Paper from responsible sources
FSC® C105338

Dunkelheit mit einer Prise Schmerz

Gewidmet Dracas und Aiden, dank euch habe ich diese Krise überlebt.

P.S.: Ich habe euch lieb

Dunkelheit mit einer Prise Schmerz

Inhaltsverzeichnis

Kapitel:

Einfach Irgendwas

Immer für dich da

Ich würde alles geben
Damit gute Menschen kein Leid erleben
Doch wie, fällt mir leider nicht ein
Ich werde trotzdem immer da für dich sein
Weil du mir wichtig bist
Und auch wenn's vielleicht nicht richtig ist
Ich würde gern all dein Leid für dich tragen
Und du müsstest nicht mal was sagen
Denn das du leidest ist nicht fair
Und ich leide gern etwas mehr
Damit dein Leid ein Ende findet
Selbst wenn dafür alles Licht in meinem Leben verschwindet
Weil ich gern alles für das Glück guter Menschen tu
Und ein guter Mensch bist auch du

Neues Jahr aber derselbe Schmerz

Silvester ist gerade einmal 5 Tage her
Und ich kann trotzdem nicht mehr
Weil neues Jahr aber derselbe Schmerz
Wieso habe ich so ein sensibles Herz?
Wäre ich nicht so emotional
Dann wäre mir das alles egal
Aber stattdessen ist alles Zuviel für mich
Und mein Herz zerbricht
Doch das ist in Ordnung so
Ich bin vielleicht irgendwann wieder froh
Weil vielleicht mit genügend Zeit
Bin ich für etwas Glück bereit

1.1.25

2025 beginnt mit einem Selbstmordversuch
Und ich trage denselben Fluch
Wie mein Homie der sprang
Auch wenn ihm Sterben nicht gelang
Weil sterben ist so unendlich schwer
Aber Leben können wir schon so lange nicht mehr
Da schon seit Ewigkeiten alles in Trümmern liegt
Uns haben nicht mal unsere Eltern geliebt
Seitdem tragen wir unser Leid
Weil seit über 15 Jahren haben sie keine Zeit
Und das ist auch in Ordnung so
Ich bin seitdem nur nicht mehr froh

Am Ende doch kein Ende

Ich bin von Narben übersät
Weil ich habe, so oft um ein Ende gefleht
Aber stattdessen war nie ein Ende in Sicht
Keine Ahnung, wann mein Herz endgültig zerbricht
So dass ich nur noch existier
Weil wenn ich mein Herz verlier
Ist das beste von mir gegangen
Ich bin dieser Angst gefangen

2024

2024 hat mich etwas mehr zerbrochen
Weil paar Freunde haben, versprochen
Dass sie nicht von dieser Erde gehen
Aber jetzt kann ich sie nur noch in den Sternen sehen
Weil die Dunkelheit oder Sucht hat sie besiegt
Ich habe jeden wie einen Bruder geliebt
Für sie habe ich Therapie gemacht
Für sie habe ich so oft es geht gelacht
Aber am Ende hat es nichts gebracht
Weil ich weine um sie jede Nacht
Und huste unter Krämpfen Blut
Mir geht es nicht wirklich gut
Vielleicht wird 2025 etwas besser für mich
Aber vielleicht verdiene ich das nicht
Doch das wird die Zeit zeigen
So lange muss ich noch leiden

Überdosis?

Silvester ist in 2 Tagen
Ich kann meine Last nicht mehr tragen
Deswegen wie wäre es mit einer Überdosis?
Damit mich diese Erde los ist
Weil mein größter Traum ist nicht mehr aufzuwachen
Ich verliere endgültig mein Lachen
Und kann das alles nicht mehr
Ich vermisse mein Cousin so sehr
Und um ihn wiederzusehen
Muss ich nur für immer gehen
Und nichts ist einfacher als das
Weil ich mich selbst so sehr Hass

21 Jahre

Ich bin 21 Jahre weggerannt
Und habe 2-3 mal gebrannt
Trotzdem war ich nie gut genug
Ich erinner mich, wie mein Onkel mich schlug
Weil Schläge auf den Hinterkopf sind ein Denkanstoß
Seitdem lässt mich der Gedanke nicht los
Das ich nur dumm bin
Meine Existenz hat keinen Sinn
Deswegen bin ich an Weihnachten allein
Vielleicht muss das so sein
Weil ich kein Sanftmut verdien
Ich habe mir nie verziehen
Das ich so viel Schwäche zeig
Mir tut es unendlich leid
Ich habe dein Tod so sehr bereut
Und mich trotzdem nur betäubt
Um das alles zu ertragen
Ich konnte dir nie sagen
Ich habe dich lieb
Und ich weiß, egal was ich für Zeilen schrieb
Keine macht mein Versagen wieder gut
Mittlerweile Kotze ich Blut
Und mit etwas Glück
Gibt es kein zurück
Kein Zurück für mich
Weil all dieses Leid verdiene ich
Von daher hoffe ich einfach, dass ich mein Ende find

Dunkelheit mit einer Prise Schmerz

Und endlich endgültig verschwind

Leid zur Weihnachtszeit

Allein essen tut noch mehr weh
Wenn ich die ganzen Weihnachtssachen seh
Das ganze Haus geschmückt
Ich weiß, wieso mich das so sehr bedrückt
Weil egal, wie sehr sie das Haus verzieren
Es wird trotzdem keine Liebe für uns existieren
Weil unsere Eltern haben uns verlassen
Ich werde trotzdem nur mich selbst hassen
Denn es ist nur Einsamkeit, die mir weh tut
Und vielleicht wird auch nicht wieder alles gut
Weil Blut kotze ich regelmäßig
Und so langsam versteh ich
Ich Jammer einfach Zuviel rum
Vielleicht ist die Lösung, ich bring mich um
Weil vielleicht muss ich damit meine Alpträume ein Ende finden
Einfach endlich aus dieser Welt verschwinden

Ein Mensch der nur rennt

Ich war noch nie so sehr für Reflexion bereit
Mir tut so viel so unendlich leid
Angefangen damit, dass ich existiere
Ich weiß nicht, wann ich wieder wen verliere
Weil ich nicht gut genug war
Ich war für viele Menschen nicht genügend da
Und das tut mir so leid, ich kann es nicht in Worte fassen
Ich werde mich immer dafür hassen
Weil meiner Mom war ich ein schlechtes Kind
Und ich war nicht da, für Leute, die nicht mehr sind
Leute die ich in mein Leben ließ
Als die Welt mich verstieß
Aber als sie die Welt verließen
Konnte ich nicht mal richtig Tränen vergießen
Denn ich bin ein Mensch, der nur wegrennt
Es tut mir leid, dass ihr mich kennt

Verloren und ohne Ziel

Ich weiß ich entschuldige mich Zuviel
Weil ich zu tief in diese Dunkelheit fiel
Jetzt bin ich verloren und ohne Ziel
Und meine Betreuerin sagt ich bin zu instabil
Irgendwas auf die Reihe zu kriegen
Ich würde mich so gerne selber lieben
Aber ich weiß, dass schaffe ich nicht
Weil niemals liebte man mich
Und das mehr als zurecht
Weil ich bin in wichtigen Dingen viel zu schlecht
Und auch sonst neige ich dazu bei allem zu versagen
Nicht mal meine Mutter konnte mich ertragen
Also wie soll es sonst jemals irgendwer
Ich kann das alles nicht mehr

Nur noch ein Wrack

Ich schlaf für ein Mittagsschläfchen ein
Wach schreiend auf und fühle mich allein
Weil sie macht mir Angst die Dunkelheit
Ich bin meine Schwäche leid
Und weiß vielleicht bietet nicht mal die Unendlichkeit
Mir genügend Zeit
Um vollständig zu heilen
Von daher schreibe ich irgendwelche Zeilen
Um mich abzulenken
Und nicht mehr dran zu denken
Das ich aktuell in meinem Leid ertrinke
Und immer tiefer sinke
Bis ich nur noch ein Wrack am Meeresboden bin
Verloren und für niemand von Sinn
Dabei bin ich schon jetzt niemand wichtig
Und ein Teil von mir findet das richtig
Weil ich denk, ich verdiene all mein Schmerz
Denn viel zu oft brach ich mein Herz
Weil ich war, nicht da
Wenn einer meiner Freunde am Sterben war

Alpträume

Ich habe mein Leben selbst in der Hand
Aber dann verliere ich wieder meinen Verstand
Und meine Alpträume verfolgen mich auch am Tag
Ich weiß nicht, wie lange ich das noch ertrag
All diese Bilder die ich immer wieder seh
Bis ich die Realität nicht mehr versteh
Weil ich nicht mehr weiß, ob ich schlafe oder nicht
Diese ganzen Ängste verfolgen mich
Und ich weiß nicht wie ich entkommen kann
Ohne, dass ich mich selbst ins Jenseits verbann
Wobei vielleicht ist, dass die Lösung für meine Probleme
In dem ich einfach eine Überdosis nehme

Panik

Wieder hat mich die Panik im Griff
Ich fühl mich, wie auf einem sinkenden Schiff
Und das Meer zieht mich hinab
Obwohl ich alles gab
Um diesmal stark genug zu sein
Aber am Ende tritt wieder diese Panik ein
Und ich habe so viel Angst, dass ich nicht mehr atmen kann
Ich weiß nicht, wie ich diese Panik verbann
Da sie mich seit Jahren heimsucht
Ich fühl mich, wie verflucht
Weil diese Panik hat, so viel Macht
Und kommt bei Tag und Nacht
Ich weiß nicht, ob ich sie besiegen werd
Oder sie mich in mein Ende fährt

Keine Träne heilt

Ich war 21 Jahre stark genug
Keine Ahnung, wie ich das alles ertrug
Aber ich weiß, ich kann nicht mehr stark sein
Weil ich wieder so viel wein
Aber keine Träne heilt mein Herz
Ich fühle so unendlich viel Schmerz
Und bekomme keine Luft vor Angst
Ich weiß nicht, ob du mir vergeben kannst
Weil irgendwann bin ich vielleicht so schwach
Das ich nie wieder aufwach
Und deswegen Danke für deine Zeit
Aber ich war für mein Ende bereit

Straßenhund

Meine Eltern verschwanden früh ohne Grund
Seitdem bin ich wie ein streunender Hund
Etwas verloren in der weiten Welt
Aber und zu treffe ich ein Mensch dem gefällt
Wie ich nun mal bin
Für mich macht das oft keinen Sinn
Da ich in mir nicht so viel Gutes seh
Obwohl ich manchmal schon verstehe
Ich bin nicht gänzlich schlecht
Vielleicht war es auch nicht gerecht
Von meinen Eltern, dass sie waren, wie sie waren
Aber ich kann auch ohne sie gutes erfahren
Weil auch Straßenhunde können, ein neues zu Hause finden
Sie dürfen nur nicht vorher für immer in Dunkelheit verschwinden
Deswegen suche ich immer wieder das Licht
Und vielleicht finde ich es nicht
Aber dann habe ich es wenigstens probiert
Das habe ich mittlerweile realisiert
Weil ich bin, nur ein streunender Hund auf einer Reise
Aber vielleicht wird trotzdem alles Gut auf seine eigene Art und Weise

Ich habe dich lieb

Die Frage war nie bring ich mich um? Sondern wann bring ich mich um?
Ich fühle mich deswegen so unendlich dumm
Weil wie du es nicht konntest, kann auch ich mein Leben nicht lieben
Und ich werde auch niemals Richtung Wolke 7 fliegen
Weil ich Angst vor der Höhe habe
Ich bereue nicht eine Narbe
Die ich auf meiner Haut oder Seele trag
Ich weiß, dass ich viel zu selten sag
Wie wichtig mir Menschen in meinem Leben sind
Obwohl ich für sie alle unendlich dankbar bin
Und ich sag, viel zu selten: „Ich habe dich lieb"
Weswegen ich diese Verse schrieb
Damit es für alle Zeiten irgendwo geschrieben steht
Und die Bedeutung nie vergeht
Weil ich habe dich lieb für alle Zeit
Das ich es zu selten zeig, dass tut mir leid

Wieso?

Ich vermisse so sehr mein Benzodiazepin
Ich glaub, ich werde mir nie Liebe verdien
Aber auf Benzos war ich dem Glück näher als je zuvor
Mir kommt es oft so vor
Als ist es ein Kampf jeden Tag zu überleben
Ich kann niemandem, was Positives geben
Weil ich verschwende, immer nur Zeit
Mir tut es unendlich leid
Für die Menschen, die mich trafen
Ich kann mich nie genug bestrafen
Für die Schuld, die ich trag
Weil ich nicht genug für die Menschen gab
Die jetzt unter der Erde liegen
Ich werde mich niemals selber lieben
Und von anderen erhalte ich auch keine Liebe oder Glück
Ich glaub für mich gibt es kein zurück
Weil wie Juice Wlrd sagt über 21 schaffen wir es nicht
Deswegen richte ich diese Worte hier an Dich
Und frage dich mit Tränen in den Augen
Wieso musste ich dir vertrauen?

Nur Schmerz

Mein Leben besteht nur aus Schmerz
Viel zu oft brach mein Herz
Weil ich bin, weggerannt
Ich habe mich lieber selbst verbannt
Bevor sie mich verlassen
Ich werde mich immer selber hassen
Dafür das ich, ich selber bin
Ich habe keinen Sinn
In dieser viel zu großen Welt
Es gibt niemand dem meine Existenz gefällt
Vielleicht sollte ich einfach mein Ende finden
Und für immer verschwinden
Um noch einmal was Richtiges zu machen
Weil dann können die Menschen wieder lachen
Die das Pech haben mich zu kenn
Ich werde so oder so wieder in mein Verderben renn

Alt und Grau

Manchmal träume ich, ich werde Alt und Grau
Weil das wünsch ich mir, wenn ich in deine Augen schau
Aber ich weiß, du wirst nicht so lange bleiben
Und ich werde allein leiden
Weil am Ende bin ich immer allein
Das scheint meine Bestimmung zu sein
Ein verlorener Junge auf einer Reise
Weil die Zweifel sind, niemals leise
Wahrscheinlich werde ich mich in Alt und Grau noch fragen
Ich glaub, sie konnte mich nicht ertragen
Aber das werde ich nicht wissen
Weil ich werde sie irgendwann vermissen
Aber niemals Wiedersehen
Deswegen werde ich ohne Antworten durchs Leben gehen
Bis ich Alt und Grau bin
Immer noch auf der Suche nach dem Sinn

Kein gutes Ende

Ich glaub meine Geschichte wird kein gutes Ende finden
Deswegen werde ich ohne etwas Glück verschwinden
Weil ich glaub, Gutes verdiene ich nicht
Deswegen verdiene ich auch nicht dich
Selbst wenn ich mir wünschte, dass es anders wäre
In der nach dir bleibenden Leere
Werde ich immer nur dich sehen
Die Erinnerung an dich wird nie vergehen
Egal, wie sehr ich dich auch zu vergessen versuche
Weshalb ich mich immer wieder verfluche
Da ich immer wieder an dich denk
Und dir auch irgendwelche Verse Schenk
Bis zum Ende meiner Zeit
Das du mich kennst, tut mir leid
Aber das ändert sich bald
Weil ich glaub ich werde nicht alt
Wenn das alles so weiter passiert
Das habe ich langsam realisiert

Was ist zu Hause?

Sie sagt: „schreib, wenn du zu Hause bist."
Aber ich frag mich was ein zu Hause ist
Weil ich so lange schon verloren bin
Vielleicht macht meine Existenz auch einfach keinen Sinn
Weil meine Eltern wollten mich nicht
Und noch viel mehr hasse ich mich
Und auch dieses Leben
Ich würde so gern aufgeben
Und einfach nicht mehr sein
Vielleicht fühle ich mich im Tod weniger allein
Als auf dieser so gruseligen Welt
Wo mir alles außer ich selbst gefällt

Wodka

Ich liebe den Wodka, weil er ist für mich da
Und Er erinnert mich an eine Zeit, in der ich noch glücklich war
Eine Zeit vor der ganzen Dunkelheit
Weil ich vermisse die Zeit
In der ich nicht nur Schmerz empfind
Ich habe Angst das ich verschwind
Da ich zu lange in diesem Meer trieb
Mich hat sowieso niemand lieb
Deswegen vielleicht ist es Zeit für die letzte Reise
Weil vielleicht enden meine Schmerzen auf diese Weise

Alles ein Test?

In einer Woche kotze ich das 2te mal Blut
Das ist nicht so gut
Aber meine Angst hält mich nicht gänzlich fest
Vielleicht ist das alles nur ein Test
Wieviel Leid kann ich noch ertragen?
Ich werde das Universum fragen
Sobald ich wieder die Sterne seh
Auch wenn ich vieles nicht versteh
Wie was gerade mit mir passiert
Ich habe einfach akzeptiert
Das ich gerade etwas mehr Leid erfahr
Vielleicht ist irgendwann ein Ende da
Weil kommt Zeit kommt Rat
Sofern man nicht aufgegeben hat

Was hast du für ein Bild von mir?

Was hast du für ein Bild von mir?
Ich wünschte du wärst manchmal hier
Aber ich kann nicht gut nach Nähe fragen
Weil ich kann, nicht oft Nähe ertragen
Da Nähe mich oft abschreckt
Weil ich habe mich vor der Welt versteckt
Deswegen kann mich niemand wirklich sehen
Denn ich neige dazu immer zu gehen
Bevor jemand sich ein richtiges Bild von mir macht
Weil es hat mir nur Leid gebracht
Jemand in meinen Leben zu lassen
Ich werde mich auf ewig selbst hassen
Da ich in meinem Spiegelbild nur Dunkelheit fand
Wieso nimmt mich niemand an die Hand?
Und zeigt mir etwas Licht in der Welt
Bis mir dieses Bild von der Welt gefällt
Und vielleicht nach genügend Zeit
Sehe ich in dem Bild von mir nicht nur Dunkelheit

Narben

Ich habe paar hundert Narben
Sie variieren in ihren Farben
Manche Weiß und manche Pink
Ich habe Angst, dass ich in dieser Krise ertrink
Weil es ist, wieder alles viel zu groß
Ich werde die Erinnerungen nicht los
Sie holen mich ein, wenn ich die Augen schließ
Da ich nicht genug Tränen vergieß
Für die Menschen, die nicht mehr existieren
Ich glaub, ich kann mich selbst verlieren
Weil ich vergesse, wer ich bin
Und noch viel mehr vergesse ich den Sinn
Weil ich das ganze Konzept von Leben nicht versteh
Da ich, wenn ich in den Spiegel seh
Nur ein narbenübersätes Wrack erblick
Tut mir leid, dass ich Dir keine Nachricht mehr schick

Individuelle Last

Ich frage mich bin ich irgendwann
Mehr als ein junger Mann
Der in der Öffentlichkeit kein T-Shirt tragen kann
Weil in einem T-Shirt sieht man sie mir an
Meine individuelle Last
Denn viel zu oft habe ich die Liebe verpasst
Und sie ist mir noch immer unbekannt
Vielleicht nimmt mich irgendwann wer an die Hand
Und zeigt mir was die Liebe ist
Weil ich habe dieses Gefühl schon immer vermisst
Da jeder dir von der Liebe erzählt
Aber mir hat sie schon immer gefehlt

Zu oft bereut

Ich habe mich viel zu selten gefreut
Aber viel zu oft bereut
Weil ich habe, unendlich viel Dunkelheit
Und wahrscheinlich empfinde ich viel zu viel Leid
Denn die Freude in meinem Leben ist verblasst
Ich habe mich selten so gehasst
Weil als ein Homie die ganzen Narben sah
War da nur Unglaube da
Denn er sah die Narbe vor lauter Narben nicht
Weil viel zu sehr zerstörte ich mich
Dabei will ich nur wieder Freude empfinden
Aber die Freude wird immer wieder verschwinden
Weil meine Dunkelheit sie erstickt
Wieso hast du nie eine Nachricht geschickt?
Für ein kleinwenig Licht
Damit die Dunkelheit mich nicht zu sehr zerbricht

Suff Gedanken 12.0

Kann ich jemals wieder nüchtern sein?
Oder kann ich dann nicht aufhören zu weinen?
Weil nüchtern ist der Schmerz viel zu groß
Und mich lassen die Erinnerungen nicht los
Wie damals als ich 14 war
Und meine Tante tot vor mir liegen sah
Die Tante die mir ein zu Hause gab
Ich war trotzdem nie an ihrem Grab
Weil ich habe, nie genug für sie getan
Und ihr Tod hat mir so viel Schmerz gebracht, denn ich nicht vergessen kann
Weil damals mein Herz das erste Mal brach
Da ich seitdem viel zu selten von ihr sprach
Denn ich hatte nie die Kraft
Ich habe es bis heute geschafft
Wahrscheinlich nur aus purem Glück
Weil damals starb auch von mir ein Stück
Und ich konnte ihren Tod nicht ertragen
Denn ich schaffte es nie ihr zu sagen
Mir tut es so unendlich leid
Weil ich nahm mir nie für dich Zeit
Denn ich bin einfach weggerannt
Vielleicht habe mich deswegen aus unserer Familie verbannt
Weil alles erinnert mich an dich
Und das ertrage ich nicht

Suff Gedanken 11.0

Ich habe Angst dir zu schreiben
Deswegen trinke ich, um die Angst zu vertreiben
Weil ich würde dich gerne sehen
Aber das wird nur gehen
Wenn ich dir auch eine Nachricht schick
Kann sein, dass ich dich trotzdem nicht mehr erblick
Weil du mich aus deinem Leben verbannst
Ich glaub das du das kannst
Ohne eine Sekunde zu überlegen
Ich würde es wahrscheinlich überleben
Aber es würde mich sehr zerstören
Weil dann würde ich nie wieder hören
Wie das Leben bei dir gerade so ist
Ich weiß, dass du mir wichtig bist
Aber ich glaub ich dir nicht
Dabei meintest du, du sorgst dich um mich
Deswegen darf ich nicht von dieser Erde verschwinden
Weil dann würde ich nie wieder eine Nachricht von dir auf meinem Handy finden
Wobei eine Nachricht von dir, ist eine Rarität
Und ich weiß, dass die Welt sich auch ohne dreht
Aber ich falle trotzdem in ein Loch
Und frage mich, meldest du dich noch?

Was ist ein Held?

Was genau ist ein Held?
Jemand der kämpft egal, wer sich entgegenstellt?
Oder jemand der für dich da ist?
Wenn du unendlich verloren bist
Das sind Fragen, die ich mir immer wieder stell
Wie immer finde ich die Antwort nicht so schnell
Aber ich weiß, dass ich weitersuche
Egal, wie oft die Frage noch verfluche
Weil Ich weiß, ich bin nie der Held
Eher der Typ, der am Ende noch vom Rettungsschiff fällt
Und somit sein Ende findet
Während die Rettung am Horizont verschwindet

Suff Gedanken 10.0

Wenn's mir schlechter geht, habe ich wieder Angst vor Nähe
Wobei ich glaub unterbewusst flehe
Das mich jemand fängt und hält
Während mein Leben endgültig zerfällt
Und ich einfach loslasse für den Moment
Da mich nicht mehr viel von meinem Ende trennt
Aber mich wird niemand retten kommen
Ich sehe schon wieder verschwommen
Weil ich hatte etwas Zuviel im Glas
Da ich mich nicht vergessen lass
Wie sehr ich mich selber Hass
Aber ich weiß, ich überlebe das
Weil ich habe ihr mein Wort gegeben
Deswegen muss ich noch paar Jahre erleben

Letztes Mal

Ich würde gerne ein letztes Mal Danke sagen
Weil ich kann meine Last nicht mehr tragen
Und dann würde ich all die toten Leute Wiedersehen
Ich glaub erst dann werde ich verstehen
Wie sehr sie mir fehlen
Und ich könnte ihnen erzählen
Von den Leuten die ich getroffen habe
Und mich beschweren über jede Narbe
Die ihr Verlust hinterließ
Ich bin oft viel zu mies
Im über Gefühle sprechen
Mein Herz wird immer wieder brechen
Deswegen würde ich gern diese Welt verlassen
Da alle meine guten Erinnerungen wieder verblassen
Ich lebe wieder in vollkommener Dunkelheit
Vielleicht ist es deswegen an der Zeit
Um ein letztes Mal nach Vergebung zu fragen
Und danach Danke zu sagen
Bevor ich mir selbst meinen Frieden schenk
Alles damit ich nicht mehr an diese Menschen denk

Suff Gedanken 9.0

Ich bitte dich schon wieder um Klarheit
Aber egal, was du sagst, nichts fühlt sich an wie die Wahrheit
Vielleicht liegt, dass auch an diesem Borderline
Weil das wird, immer Teil von mir sein
Und mir Zweifel einhauchen
Ich kann es gerade nicht gebrauchen
Jemand der sagt, ich soll bleiben
Um mir dann nicht mal eine Nachricht zu schreiben
Die beweisen würd
Du hast mich gehört
Und möchtest wirklich das ich nicht geh
Aber da ich die Nachrichten immer auf der rechten Seite seh
Ist es vielleicht an der Zeit, dass ich mich verpiss
Selbst wenn ich dich noch vermiss
Aber das ist dir alles egal
Vielleicht bin ich auch nur zu emotional
Weil durchs Borderline empfinde ich alles Minimum mal sieben
Ich wollte das mit dir eigentlich nicht versieben
Aber wie immer versagte am Ende ich
Tut mir leid, aber ich schäme mich
Das alles nicht zu verstehen
Lass mich doch einfach gehen

Suff Gedanken 8.0

Ich war nur irgendein Kind das Drogen nimmt
Ich frage mich, ob deine Worte gelogen sind
Weil die Spuren von damals ziehen sich bis heut
Ich habe meine Sucht nie bereut
Weil nur dank ihr, habe ich es bis hierhergebracht
Trotzdem hätte ich rückblickend vieles anders gemacht
Aber naja hinterher ist man immer schlauer
Ich baue schon wieder eine Mauer
Weil damit schütze ich mich selbst
Vor der Distanz, die du aufrechterhältst
Aber ich probiere die Mauer nicht zu hochzubauen
Weil sonst kann ich dir nie wieder vertrauen
Aber ich möchte dir vertrauen, weil ich dich mag
Kann sein, dass ich trotzdem Goodbye sag
Weil ich die Distanz nicht ertrag
Und auch nicht mehr frag
Passt das alles noch für dich?
Oder hasst du mich?
Weil für mich macht, dass alles keinen Sinn
Da ich vielleicht verloren bin
In all den Fragen, die ich mir stell
Vielleicht wird meine Welt nie wieder hell
Und ich bin auf ewig in Dunkelheit gefang
Da ich ohne Drogen, die Sonne nicht sehen kann

Suff Gedanken 7.0

Ich weiß, dass ich dich bald verlier
Weil ich nur existier
Wenn ich dir schreibe
Das ist weshalb, ich in so viel Zweifeln treibe
Weil vielleicht bin ich dir einfach egal?
Oder ich bin etwas zu emotional
Durch das verfickte Borderline
Du weißt nicht, wie oft ich weine
Da ich das alles nicht versteh
Weil immer, wenn ich dich seh
Frage ich mich
Wieso meldest du dich nicht?
Aber wenn ich dann frag bist du nett zu mir
Ich frage mich, was ist das Ziel von dir?
Weil mal bist du nett und dann existierst du nicht mehr
Ich mag dich eigentlich sehr
Aber du verletzt mich auch immer irgendwie
Deswegen glaube ich dir fast nie
Wenn du nett zu mir bist
Da du mich danach vergisst
Was auch in Ordnung ist
Selbst wenn mein Kopf dich vermisst

Suff Gedanken 5.0

Ich habe es aufgegeben
Glücklich zu werden in diesem Leben
Weil kann ich überhaupt glücklich sein?
Ich glaub, dass erfahr ich nur allein
Wenn ich mir genug Zeit für einräume
Und auch nicht versäume
Die Dinge zu sehen, wie sie sind also rational
Weil ich bin oft viel zu emotional
Durch mein verficktes Borderline
Vielleicht kann ich deswegen auch nie glücklich sein

Suff Gedanken 4.0

Ich trage viel zu viele Narben auf meiner Haut
Aber größer ist, die ich habe dir vertraut
Und du hast mich fallen gelassen
Keine Sorge, ich werde nur mich selbst Hassen
Weil ich habe dir Grund gegeben zu gehen
Ich werde immer verstehen
Du hast so entschieden
Weil ein Leben ohne mich bedeutet Frieden
Das hat meine Mutter bewiesen
Weil sie würde, nie eine Träne vergießen
Für die 14 Jahre ohne mich
Ich vergesse dich nicht
Obwohl dich vergessen leichter wäre
Weil die Erinnerung an dich, ist eine schwere
Weil du hast Eindruck hinterlassen bei mir
Ich wünschte du wärst irgendwann wieder hier
Aber das wird nicht passieren
Das muss ich langsam realisieren

Suff Gedanken

Rein faktisch trinke ich nicht Zuviel
Aber nüchtern bleiben war das Ziel
Also ist jeder Schluck mehr als ich trinken sollt
Ich habe dieses Leben nie gewollt
Aber meine Eltern waren unvorsichtig
Ich bin mir selbst nicht so wichtig
Zumindest nicht so wirklich
Manchmal wirke ich
Als könnte ich irgendwann glücklich sein
Aber dann lässt mich wieder wer allein
Denn ich in mein Leben ließ
Für den ich dann Tränen vergieß
Weil die Person ihren eigenen Kampf nicht gewinnt
Oder ein Leben ohne mich beginnt
Wie meine Eltern damals auch
Ich weiß, dass ich manchmal jemanden brauch
Der mich einfach hält
Weil meine Welt zerfällt
Aber wie damals ist niemand da
Ich glaub, dass ich wieder in mein Ende fahr
Mit jedem Schluck oder eigentlich jedem Atemzug
Da ich mittlerweile so viel ertrug
Und nicht mehr stark sein kann
Vielleicht finde ich irgendwann
Jemand der bleibt
Oder von sich aus schreibt
Um mir zu zeigen

Dunkelheit mit einer Prise Schmerz

Ich muss nicht in Dunkelheit leiden
Aber niemand meldet sich
Trotzdem sterbe ich nicht
Weil sie sagt, sie macht sich Sorgen
Also erlebe ich den nächsten morgen
Denn wenn nicht für mich, dann für sie
Ich weiß, egal, wie lange ich warte sie meldet sich nie

Xanax

Mein Kumpel sagt er hätte Xanax da
Ich reagier als ob ich vom Paradies erfahr
Bereit direkt loszugehen
Ich werde nie so ganz verstehen
Warum ich Xanax so sehr mag
Vielleicht weil ich mich und mein Leben so besser Ertrag
Weil nüchtern fühl ich viel zu sehr
Manchmal will ich das alles nicht mehr
Da ich nicht, weiß was die Wahrheit ist
Und ob du wirklich in meinem Leben bist
Oder bilde ich mir dich nur ein?
Um nicht mehr so allein zu sein
Ich werde es wahrscheinlich nie so ganz realisieren
Aber dich irgendwann verlieren
Zumindest früher oder später ist das der Fall
Das ist dir wahrscheinlich egal
Weil nur ich bin, emotional
Und du zerstörst mich fundamental
Trotzdem vermisse ich dich
Dabei vergisst du mich
Und du wirst auch nie wieder schreiben
Ich sollte bei Xanax bleiben
Wenn ich hoffe etwas Glück zu empfinden
Vielleicht sollte ich einfach verschwinden

Nüchtern seit

Ich starr die nüchtern seit so vielen Tagen App an
Und weiß irgendwann
Versuche ich es wieder von vorn
Aber gerade frage ich mich eher wieso wurde ich geboren?
Während ich im nächsten Glas versink
Und dabei in meinen Ängsten ertrink
Da mich meine Ängste auffressen
Ich kann einfach nicht vergessen
Wieso bist du, wie du bist?
Ich weiß, dass die Schuld, die meine ist
Trotzdem wüsste ich gern etwas mehr
Weil gerade fühl ich etwas zu sehr
Aber der Alkohol schenkt mir Klarheit
Denn ich weiß nur du kennst die Wahrheit
Es ist deine Entscheidung sie mit mir zu teilen
So lange schreibe ich irgendwelche Zeilen
Um mich ein wenig abzulenken
Ich würde mir gern mein eigenes Ende schenken

Unendlich leid

Du könntest mir so unendlich wichtig sein
Ich weine trotzdem noch allein
Denn ich würde dir niemals, deswegen eine Nachricht schreiben
Ich werde vielleicht nicht mehr lange bleiben
In deinem Leben sowie ganz allgemein
Ich fühle mich wieder so unbedeutend klein
Weil du gibst mir das Gefühl, das ich nur ein Fehler sei
Ich hoffe, du fühlst dich frei
Mich einfach zu verbann
Vielleicht finde ich vorher irgendwann
Den Mut wegzurennen
Dann musst du nicht so ein Versager kennen
Aber wahrscheinlich finde ich den Mut nicht
Und wieder melde ich mich
Irgendwann bei dir
Dabei bist du gefühlt lange nicht mehr hier
Deshalb fühl ich mich so verloren
Ich hätte geschworen
Du hasst mich und bist so nur aus Nettigkeit
Mir tut das alles so unendlich leid

Geklaute Organe

Du schneidest mir das Herz raus
Ich weiß, ich blute aus
Aber ich empfinde Glück
Weil ich denke, zurück
Du hast mir mal so viel Nettigkeit geschenkt
Und mein Leben etwas Richtung Licht gelenkt
Aber dann habe ich wieder nur Fehler gemacht
Und somit dieses Ende gebracht
Ich habe mich selbst verbannt
Dabei habe ich für dich nicht mehr gebrannt
Du weißt nicht, wie schwer mir das fiel
Ich glaube für dich war alles nur ein Spiel
Um zu sehen, wie dumm kann ein Mensch eigentlich sein
Dein Aufwand war recht klein
Trotzdem konntest Du schnell verstehen
Du wirst niemand dümmeren als diesen Idioten sehen
Naja, am Ende tut es mir nur leid
Weil ich verschwendete deine Zeit

Komet

Schon wieder trifft mich die Panik wie ein Komet
Ich weiß nicht, wieso es mir so geht
Ich fühle so unendlich viel Schmerz
Seit wann habe ich Gefühle in meinem Herz?
Da war immer nur Leere
Ich frage mich oft, ob es besser wäre
Einfach für immer zu verschwinden
Vielleicht kann ich nur so mein Frieden finden
Irgendwo im Nichts, wo sich niemand an mich stört
Da mich ohnehin niemand hört
Ich bin einfach etwas zu sehr zerbrochen
Hätte ich mal öfter über meine Gefühle gesprochen
Dann wäre ich vielleicht nicht so fundamental am Ende
Ich frage mich wieso ich immer wieder eine Nachricht sende
Ob ich einfach egoistisch bin
Oder macht die Nachricht Sinn?
Da die Person sich über die Nachricht freut?
Wobei die Person wahrscheinlich eher mich zu kennen bereut
Weil ich mich schon wieder verlier
Am Ende steh ich wieder hier
Und Blut rinnt über mein Gesicht
Aber alles, was ich mach, ich schreib ein Gedicht
Während der Komet sein Krater hinterlässt
Ich frage mich ist die Panik nur ein Test?
Um zu gucken, wie stark kann ich sein?

Dunkelheit mit einer Prise Schmerz

Weil am Ende Kämpfe ich diesen Kampf immer allein

Distanz

Ich schenk dir die Distanz die du zeigst
Weil wenn du nicht schreibst
Wieso solltest du wollen, dass ich dir schreib
Sei sicher, dass ich bleib
Im Sinne, wenn, was ist bin ich da für dich
Aber ansonsten existiere ich nicht
Tut mir leid aber die verschwendete Zeit kann ich nicht wieder gutmachen
Ich hoffe du verlierst nie dein Lachen
Ich hoffe du lachst jetzt etwas mehr
Weil du siehst mich nicht mehr
Und irgendwie ist jeder glücklicher ohne mich
Ich hoffe das gilt auch für dich
Weil ich wünsche dir nur alles Glück
Keine Sorge ich komm nicht mehr zurück

Halloween

Es ist Halloween und meine Hand mit paar Stichen genäht
Ich hätte so gern um deine Nähe gefleht
Aber ich wollte nicht unhöflich sein
Ich weine lieber die Ewigkeit allein
Als deine Zeit zu verschwenden
Du hast so viel Macht in deinen Händen
Weil ich dir ehrlich zeig
Wie sehr ich schon wieder leid
Und ich wünschte du würdest mich fortschicken
Dabei würde ich so gern in deine Augen blicken
Aber dein Glück ist so viel wichtiger als ich
Und ich bin immer Dunkelheit und nie das Licht
Deswegen lass deine Welt leuchten, so hell es nur geht
Da jeder Mensch versteht
Warum du nicht willst, dass ich in deinem Leben bin
Von daher sei sicher, dass ich verschwind
Nach nur einem Wort von dir
Und ich bin nie wieder hier

Verlassen

Was ist verlassen werden, aus eins wird wieder zwei?
Viel zu oft kommt diese Frage in meinem Kopf vorbei
Weil Verlassen werden, meine größte Angst ist
Vor allem wenn du mir nicht mehr Nahe bist
Ich weiß, dass du mich nicht vermisst
Und auch das mein Herz dich so schnell nicht vergisst
Weil du mich in meinen Träumen besuchst
Ich habe Angst, dass du mich verfluchst
Da du mir Liebe zeigst
Und dann nie wieder schreibst
Ist wie ein Stich ins Herz
Aber für dich ertrage ich diesen Schmerz
Und das unendlich gern
Weil deine Augen sind wie der nördliche Stern
Sie schenken mir Orientierung in dunkelster Nacht
Ohne dich hätte ich es nicht so weit gebracht

Zweisamkeit

Ich weiß, wieviel mir Zweisamkeit bedeutet
Trotzdem habe ich so oft die Gelegenheit vergeudet
Um nach Nähe zu fragen
Weil ich könnte es nicht ertragen
Würde man sie mir nur aus Nettigkeit schenken
Ich werde immer an sie denken
Wenn ich mich nach Zweisamkeit sehn
Ich werde trotzdem nicht verstehen
Wie man Zweisamkeit finden kann
Denn jeder verschwindet immer irgendwann
Und ich werde vielleicht nie Zweisamkeit bekommen
Ich sehe mal wieder verschwommen
Weil mein Herz wiegt, so schwer
Ich ertrage meine Einsamkeit nicht mehr
Da sie so lange schon bei mir ist
Weshalb ich nur weiß, wie man vermisst
Aber nicht wie man Zweisamkeit findet
Die nicht direkt wieder verschwindet

Puzzleteile

Für das große Ganze, brauche ich wieviel Puzzleteile?
Wahrscheinlich steht es in keiner Zeile
Deswegen macht es keinen Sinn, dass ich noch verweile
Wobei es wäre auch nicht sinnvoll, wenn ich mich beeile
Weil was ist überhaupt das große Ganze?
Jemand mit dem ich wieder Walzer tanze?
Jemand der mir Nähe und tiefe Blicke schenkt?
Oder einfach jemand der an mich denkt?
Keine Ahnung, wie ich darauf eine Antwort find
Wahrscheinlich nicht so geschwind
Weil vielleicht ist, das große Ganze auch nur aus zwei wird eins
Oder du bleibst deins
Und ich bleib mein
Vielleicht muss das einfach sein
Aber ich glaub ich habe paar meiner Teile verloren
Weil ich hätte, geschworen
Ich war mal etwas weniger zerstört
Ich wünschte du hättest gehört
Wie gut ich von dir sprach
Selbst nachdem mein Herz wegen dir brach
Weil du triebst in mein Herz ein Keil
Trotzdem gehört dir auf ewig ein Puzzleteil

Vergebung

Ich frage mich, was Vergebung ist
Ich frage mich auch, wie man nicht mehr vermisst
Aber vergeben kann ich allen
Weil mir würde die Vorstellung nicht gefallen
Hass zu empfinden
Ich würde manchmal gern verschwinden
Um nie wieder wen zu vermissen
Weil ich habe ein schlechtes Gewissen
Wenn ich frage, ob sie mir ihre Zeit schenkt
Denn es fühlt sich an, als ob sie nie an mich denkt
Aber das würde ich direkt vergeben
Hauptsache sie hat ein gutes Leben
Mit oder ohne mich
Ich fühle nur positives, was anderes nicht
Aber ich weiß, nicht, ob ich mir selber vergeben lern
Weil ich habe mich selbst nicht so gern
Und denk ich verdiene diesen Schmerz
Sowie ein gebrochenes Herz

Meer

Ich fühl mich, als treibe ich im Meer
Weil ich fühle viel zu sehr
Zum ersten Mal, seit ich denken kann
Ich wusste das passiert irgendwann
Aber ich war dafür nicht bereit
Weil auf einmal tut mir alles leid
Mit einer Intensität die mir das Herz zerreißt
Ich frage mich, ob das beweist
Das ich endlich was hinkriege
Wie das ich mich irgendwann selbst liebe
Weil jetzt wo ich was empfind, ist das möglich
Ich dachte Gefühle sind tödlich
Denn aktuell tut fühlen so unendlich weh
Wobei ich den Sinn versteh
Deshalb probiere ich weiterhin zu empfinden
Weil ohne Gefühle würde auch ich verschwinden

Schlüssel zum Glück

Was ist der Schlüssel zum Glück?
Eine Frau der ich Blumen pflück
Oder eine Fahrt ins Ende ohne zurück
Manchmal denk ich, ich bin vielleicht das richtige Stück
Bevor die Menschen sich wieder abwenden
Deswegen kann ich niemand eine Nachricht senden
Weil die schreiben, nicht
Aber niemals bleibe ich
Da selbst, wenn ich mich meld
Am Ende bin ich immer der Fehler der Welt
Der sowieso nie bleibt
Weil mir nie jemand schreibt
Also würde niemand merken, wenn ich verschwind
Weshalb ich das als Lösung empfind
Zu verschwinden ohne Rückkehr
Klingt doch gar nicht mal so schwer

Baum

Jede Nacht habe ich einen Traum
200km/h das Ziel ein Baum
Er ist so tief verwurzelt
Das es mich nicht gruselt
Weil ich das Ende kenn
Da ich wieder in mein Ende renn
Wie so oft
Ich habe zu stark gehofft
Das ich mich jemand mögen kann
Wobei ich mich eigentlich immer selbst verbann
Da ich so viel Falsches sag
Bis ich mich selbst nicht mehr Ertrag
Dabei leide ich unter dem Fluch von Armors Pfeil
Deshalb im Warenkorb nur Stuhl und Seil
Dann noch ein wunderschöner Baum
Weil nicht mehr aufzuwachen mein ewiger Traum
Der sich irgendwann erfüllt
Weil ich habe wieder zu stark gefühlt

Für dich

Ich nehme mir für dich ewig Zeit
Bevor du schläfst für die Ewigkeit
Weil so viele schlafen, schon für immer
Und ich liege weinend in meinem Zimmer
Mein Herz nur noch ein großer Scherbenhaufen
Ich würde dir alles Glück der Erde kaufen
Egal zu welchem Preis
Sei sicher das ich es Beweis
Selbst wäre der Preis mein Leben
Ich würde alles für dich geben
Damit ich dich wieder Lächeln seh
Selbst wenn ich dafür auf ewig durch die Hölle geh
Weil eine Welt ohne dich
Ist die größte Hölle für mich

Kein zurück

Ich weiß nicht genau, warum ich traurig bin
Weshalb ich auch nicht Beginn
In Richtung Heilung zu laufen
Ich würde mich gern einfach besaufen
Bis ich nicht mehr fühlen kann
Und dann irgendwann
Eine schöne Brücke find
Und ich endgültig verschwind
Weil naja mein Kreis ist, klein
Und ich kann doch nicht mehr traurig sein
Wenn ich in Frieden lieg
Bitte sag ihr, ich habe sie lieb
Weil ich kann diese Worte nicht sprechen
Mein Herz wird immer wieder brechen
Ich würde trotzdem gern danke sagen
Aber ich kann meine Trauer nicht ertragen
Deswegen es tut mir leid
Aber es ist an der Zeit
Für etwas verfickten Frieden
Ich habe mich zum ersten Mal für mich entschieden
Weil für mich gibt es kein zurück
In ein Leben voller Glück

Gute Miene, böses Spiel

Ich kann mich nicht mehr reparieren
Vielleicht kann ich nicht mehr lange existieren
Weil Aurora ist, fort
Und Gordon ist am selben Ort
Sowie Rebecca auch
Ich weiß, wessen Nähe ich brauch
Aber sie meldet sich nicht
Weshalb was in meinem Herz zerbricht
Es ist 5 Uhr und ich geh spazieren
Weil ich kann mich nicht reparieren
Und bleib ich in meinem Zimmer zerstöre ich mich
Nie wieder höre ich
Die Stimme dieser Leute
Und ich wünschte heute
Wäre mein verfickt letzter Tag
Weil ich das alles nicht ertrag
Aber diese Worte tun mir leid
Ich weiß, manche Menschen haben keine Zeit
Und selbst wenn könnte ich nicht nach Hilfe fragen
Weil ich bin alt genug, dass alles zu ertragen
Deswegen gute Miene zum bösen Spiel
Denn glücklich werden ist das Ziel

Herz

Wieso besitze ich ein Herz?
Es empfindet gefühlt nur Schmerz
So unendlich viel Schmerz und Leid
Vor allem in letzter Zeit
Deswegen frage ich mich so oft
Habe ich mal wieder Zuviel gehofft?
Weil untypisch wäre es nicht
Ich weiß, ich schätze dich
Aber du nicht mich
Deshalb verliere ich
Mal wieder den Sinn
Wenn ich am Überlegen bin
Wieso ich ein Herz brauch
Dabei vergesse ich aber auch
Wie wichtig ein Herz eigentlich ist
Da du so verloren bist
Wenn du ohne Herz durchs Leben gehst
Selbst wenn du es selbst nicht verstehst

Gemälde

So ist das Leben Leute kommen und gehen
Ich würde dich gerne nochmal lächeln sehen
Aber dein Lächeln ist mir gegenüber verblasst
Ich habe nicht in dein Leben gepasst
Da ich niemals in Gemälde pass
Ich bin der Mensch den ich am meisten Hass
Weil ich bin, fundamental zerstört
Denn ich habe meine Hilfeschreie nicht gehört
Und selbst wenn hätte ich sie ignoriert
Da in meinem Herz für mich keine Gnade existiert

Die Prise Weisheit

Ich sollte ein Gedicht schreiben
Aber ich glaub es wird bei diesen Zeilen bleiben
Weil ich etwas zu vergesslich bin
Deshalb macht nichts ein Sinn
Wenn ich meinen Namen nicht weiß
Ohne Fleiß kein Preis
Für die Prise Weisheit am Tag
Obwohl ich nur im Bett rumlag

Würde gerne weinen

Es waren bisher 21 Jahre voller Dunkelheit
Mir tut es unendlich leid
Das ich sowas wie ein Licht nicht seh
Da ich nicht versteh
Warum nie jemand wirklich bleibt
Oder mal eine Nachricht schreibt
Um mir meinen Wert zu zeigen
Ich würde so gerne weinen
Um endlich etwas Schmerz loszulassen
Weil ich würde mich gern weniger hassen
Aber das schaffe ich gerade noch nicht
Weil schon wieder mein Verstand zerbricht
Denn ich bin wieder mal krank
Und seh niemand eine Woche lang
Was mir zeigt, wie allumfassend meine Einsamkeit ist
Sowie das mich niemand vermisst
Aber das ist okay, weil ich würde alles vergeben
Ich hoffe einfach jeder hat ein erfülltes Leben

Perfekte im Unperfekten

Heute gibt es nur noch Schönheit in Filtern und Effekten.
Aber ich vermiss das schöne im Unperfekten.
Trotzdem denk ich sowas gibt es leider nicht.
Auch wenn aus Unvollkommenheit wahre Schönheit spricht.
Da man erst mit Fehlern menschlich ist.
Und bist du perfekt nur unerreichbar bist.
Das bringt dir nur Einsamkeit ein.
So bist du dein ganzes Leben lang allein.

Musste lern

Ich gebe dir alles, was ich hab
Da ich nicht genug für dich gab
Und nun bist du nicht mehr hier
Es war klar, dass ich verlier
Und nie wiederseh
Es tut trotzdem unfassbar weh
Weil ich habe dich gern
Aber ich musste lern
Du leider nicht mich
Deswegen vermisse ich dich

Am Ende ist alles gut

Lass deine Gedanken sprechen
Wieso müssen Herzen brechen?
Liebe ist das grausamste der Welt
Es gibt eine Person, die dich hält
Bevor sie auch nur wieder geht
Da jeder Liebe anders versteht
Er wollte nur sie
Aber sie wollte das nie
So ist er am Ende allein
Aber das muss er nicht sein
Nach dem Regen kommt auch wieder Sonnenschein
Und am Ende ist alles fein

Ich habe nur mich

Mich fuckt alles ab
Da ich nur mich selber hab
Es gibt niemand der mich hält
In dieser grausamen Welt
Die mich immer weiter leiden lässt
Vielleicht ist alles nur ein Test
Bei dem ich immer wieder versag
Bis ich das alles nicht mehr ertrag

Als wäre ich etwas wert

Halt mich, als wäre ich etwas wert
Vielleicht wird mir das verwehrt
Das ist verständlich
Wann treffe ich endlich?
Auf den Frieden den ich such
Tut mir leid, dass ich wieder alles verfluch
Weil ich nicht mehr weiterweiß
Ich zahle jeden Preis
Für etwas Schlaf, der Erholung schenkt
Oder jemand der ab und zu an mich denkt

Da für dich

Egal, wo du bist
Und egal wen du vermisst
Ich bin da für dich
Und aus meiner Sicht
Kannst du alles erreichen
Ich werde nie von deiner Seite weichen
Ja, du bist nie allein
Weil ich werde immer da für dich sein

Frieden

Ich wünsche mir Frieden
Vielleicht habe ich mich paarmal falsch entschieden
Weshalb meine Reise noch dauert
Ich habe mich eingemauert
Und isoliert
Weil man keinen Menschen verliert
Wenn kein Mensch in deinem Leben existiert
Dabei habe ich schon oft probiert
Ein paar Menschen zu finden
Die nicht mehr verschwinden

Problem

Natürlich vermisse ich meine Mom
Auch wenn sie mich nie abholen, kam
Und sie wird wahrscheinlich immer fehlen
Deswegen konnte ich ihr nie erzählen
Ich habe ein Buch geschrieben
Das sogar erschien
Und es wäre schön, würde sie es lesen
Wäre da nicht ein Problem gewesen
Sie ist abgehauen
Deswegen kann ich nur schwer vertrauen
Und es gibt kein zurück
Aber jeder Mensch verdient Glück
Meiner Mom probiere ich zu vergeben
Ich hoffe, sie hat ein erfülltes Leben

Ignorieren

Wir ignorieren beide
Das ich wieder leide
Weil ich bin, wieder allein
Vielleicht muss ich einfach mal weinen
Dann kann vielleicht etwas Sonne scheinen
Oder ich rede die Probleme klein
Ja, nur ein kleiner Scherz
Und ich vergesse mein gebrochenes Herz

Ich verbrenne mich

Sowas wie hab dich lieb kenn ich nicht
Viel zu oft verbrenn ich mich
Einfach so und an Dinge die zu groß für mich sind
Da ich meinen Frieden nicht find
Egal wie sehr ich es auch versuch
Ich bleibe mein größter Fluch
Da ich bei mir wichtigen Dingen versag
Aber nicht nach Hilfe frag

Wieder allein

Ich bin wieder allein
Aber möchte es nicht sein
Ich wünschte Leute zu finden
Die nach 4 Tagen nicht verschwinden
Aber ich glaub das ist unmöglich
Weil immer wieder stör ich
Alle Menschen in meiner Umgebung
Deswegen bitte ich um Vergebung
In diesen Zeilen
Aber ich werde sie nicht teilen
Mit den Menschen den sie gewidmet sind
Da ich aus deren Leben verschwind

Als ich 12 war

Ich habe mich in der Sucht verloren
Weil ich habe Drogen als Lösung auserkoren
Als ich 12 Jahre alt war
Weil niemand war, da
Dabei war ich noch so jung
Doch die Drogen brachten meine Seele um

Keine Lösung

Keine Lösung
Für die Persönlichkeitsstörung
In meinem Kopf Zuviel Dramatik
Wegen all der Panik
Oder der chronischen Depression
Was ist die Mission?
Von dem, was ich in meinem Kopf trag
Ich weiß wieso ich nicht nach Hilfe frag
Weil als ich damals Hilfe suchte, fand ich die Sucht
Jetzt gibt es keine Möglichkeit mehr zur Flucht

Tabletten

Ich habe unzählige Tabletten
Aber keine kann mich retten
Weil wenn ich sie nehme, bin ich schwach
Du siehst das ich lach
Obwohl ich innerlich wein
Denn ich bin allein
Und wünsch mir eine Line
Aber das darf nicht sein
Weil ich sollte, clean bleiben
Deswegen sollte ich nicht meinem Dealer schreiben
Damit mein Verstand heilt oder zerbricht
Aber mit Ablenkung geht das nicht

Rausch

Ich vermisse den Rausch
Sei sicher das ich meine Seele Tausch
Für eine Sekunde auf Kokain
Dabei habe ich mir die Sucht nicht verziehen
Und werde ich auch in Zukunft nicht
Weil für die Sucht hasse ich mich
Viel zu sehr
Dabei wäre ich ohne sie nicht mehr

Vermisse das Gift

Ich vermisse das Gift in meinen Adern
Ich werde immer mit mir hadern
Sind diese Zeilen gut
Du weißt nicht, wie leid er mir tut
Der Weg in die Sucht
Aber er war die Flucht
Aus einer Realität
Die niemand versteht
Weil ich habe bei dir Frieden gefunden
Aber du bist verschwunden
Deswegen brauchte ich um zu penn
Minimum eine Xan

Alles geben

Lass uns lieben, lachen, leben
Und wieder alles geben
Für ein besseres Morgen
Mit vielleicht weniger Sorgen
Und etwas mehr Licht
Weil ohne Hoffnung mein Leben zerbricht

Keiner vermisst dich

Wenn du verloren bist
Weil du so viele Menschen vermisst
Aber dich vermisst keiner
Deswegen wird der Kreis immer kleiner
Und irgendwann ist er nicht mehr existent
Weswegen dieser Junge Einsamkeit kennt
Da ihn schon lange nichts mehr hält
Bis er vor Hoffnungslosigkeit in die Hölle fällt

Einsamer Stern

Ein einsamer Stern
Geliebte Menschen sind so fern
Für eine Sekunde oder alle Zeit
Weil es hat, schon wieder geschneit
Obwohl Sommer ist
Weshalb die Dunkelheit die den Stern zerfrisst
Aus seinem Innern stammt
Gott sei Dank, ist ihm Glück bekannt
So, dass er in seinen letzten Momenten ans Gute denkt
Bevor seine Dunkelheit ihn in sein Verderben lenkt

Noch nicht Zeit

Ich hasse es zu existieren
Es ist, als würde ich meinen Verstand verlieren
Weil meine Welt zerbricht
Ich verstehe nicht
Wieso all das schlechte passiert
Ich habe es akzeptiert
Aber es fällt mir trotzdem schwer
Weil ich kann, nicht mehr
Aber ich muss diese Last tragen
Weil es ist, noch nicht Zeit auf Wiedersehen zu sagen

Dieselbe Hölle

Wir sitzen wieder irgendwo
Und ich frage: „Bruder bist du froh?“
Er sagt: „Ich weiß es nicht „
Und ich weiß das sein Verstand zerbricht
Ich weiß es, da ich ihn verstehe
Weil ich durch dieselbe Hölle gehe

Nur Schmerz

Mir geht die Liebe aus
Obwohl ich alles gegen Liebe Tausch
Aber am Ende bleibt nur Schmerz
Und ein zu oft gebrochenes Herz
Das nie wieder heilt
Ich habe zu viel mit dir geteilt
Und du bist trotzdem gegangen
Seitdem bin ich in Schmerz gefangen

Jeder ist fort

Ich will so nicht mehr sein
Kann nicht mal wieder die Sonne Schein?
In meiner dunklen Welt
Die niemand mehr erhellt
Weil jeder ist, fort
Ich hasse diesen Ort
Wegen all den Erinnerungen
Wäre ich doch einfach von der Brücke gesprungen

Warum?

Ich will einfach Frieden finden
Doch vielleicht muss ich dafür für immer verschwinden
Vielleich erhalte ich nur so Glück
Dafür opfere ich von meinem Herz jedes Stück
Das noch übrig ist
Von dem dich jedes einzelne vermisst
Weil du bist, einfach verschwunden
Ich habe bisher keine Antwort gefunden
Auf die Frage warum?
Mich bringt das alles um

Wahnsinn

Ich habe so viel in mich hineingefressen
Aber ich bin von so vielen Dämonen besessen
Die mich in den Wahnsinn treiben
Ich kann nur schreiben
Um meine Gefühle auszudrücken
Ich würde dir gerne Blumen pflücken
Um Entschuldigung zu sagen
Weil du konntest mich nicht ertragen

War ich der Fehler?

Ich starr meine Wände an
Weil ich nicht mehr denken kann
Ja, ich lass jemand an mich ran
Der mich gar nicht lieben kann
Weil ich nicht gut genug bin
Also wo ist da der Sinn?
Wenn ich ihre Zeit verschwende
Sie sucht denk ich Gründe für das Ende
Was selbstverständlich ist
Weil mich niemand vermisst
Sie sagt zwar sie hat Angst das sie mich verliert
Ist aber so stark distanziert
Das es ja heißen muss
Mit uns ist bald Schluss
Weil sie sah, was jeder andere sah
Für sie ist kein Grund zum Bleiben da
Jetzt da ihr Ex, ihr wieder schreibt
Ist egal, was dieser Idiot hier treibt
Tut mir leid, dass ich in dein Leben trat
Obwohl mich darum niemand bat
Falls du magst, kann ich wieder gehen
Ja, du musst mich nicht Wiedersehen
Selbst wenn ich daran zugrunde geh
Ist nur wichtig das ich dich lächeln seh
Selbst wenn ich es nicht seh, sondern nur erfahr
Weiß ich dein Lächeln ist wieder da
Ja, du kannst ruhig ehrlich sein

Dunkelheit mit einer Prise Schmerz

Du bist lieber allein
Als Zeit zu verbringen mit mir
Oder warum spüre ich nur Distanz von dir?
Außer wenn ich sage ich leide
Dann sagst du wir beide
Aber das musst du nicht aus Nettigkeit sagen
Ich werde mein Leid schon ertragen
Denn ich schätze dich
Aber du wirklich mich?
Ja, vielleicht war ein Fehler da
Oder es kann sein das ich der Fehler war

Zuviel Gedanken

Ich merk das ich weniger schreibe
Vielleicht weil ich leide
In meinem Kopf sind zu viele Gedanken und Zweifel
Wann sind sie endlich leise?
Damit ich den Frieden find
Den ich verlor als Kind

Du bist fort

Du bist nicht mehr hier
Jetzt wo ich dich verlier
Leide ich sehr
Ich kann nicht mehr
Weil ich vermisse dich
Und ich hasse mich
Weil ich dich verloren hab
Da ich nicht genug für dich gab

Glück

Weiß nicht wie ich gerade Glück definier
Weil niemand ist, mehr hier
Der mir wichtig ist
So ist das, wenn du einsam bist
Und das werde ich immer sein
Weil ich bin, schon immer allein

Diese Bilder

Die Probleme sind wieder fundamental
Weil mir ist wieder alles egal
Da in meinem Kopf wieder diese Bilder sind
Und ich habe Angst das ich für immer verschwind
Da ich ein Versager bin
Und für niemand von Sinn

Heimat

Jeder entscheidet, ob er Zeit hat
Und jeder sucht sich seine Heimat
Weil Heimat ist, individuell
Alles verfliegt viel zu schnell
Nur Heimat hat Beständigkeit
Es tut dir ständig leid
Das die Welt zu Grunde geht
Bis auch deine Heimat nicht mehr steht

Heimweh

Obwohl ich es nicht einseh
Habe ich noch Heimweh
Nach Orten die ich nicht benenn
Weil ich zu Hause gar nicht kenn
Da mich meine Familie verstieß
Und jeder Mensch verließ
Der mir wichtig war
Seitdem ist kaum noch jemand da

Verzweiflung

Ich renne durch meinen Block
In der Hoffnung ich find eine Glock.
Mit der ich das Leid in meinem Schädel beende.
Damit ich nie wieder eine Nachricht sende.
An irgendwen den ich nur belast.
Ich habe mich noch nie so gehasst.
Wie jetzt im Krankenhaus.
So langsam kommt alles raus.
Was in meiner Psyche so steckt.
Von dem alles will das dieser Idiot hier verreckt

Angst

Ich habe Angst vor dem Schlafen gehen.
Ich habe Angst davor in den Spiegel zu sehen
Weil meine Augen so voller Leere sind.
Und ich keine Liebe find.
Ich habe auch Angst vor dem Aufstehen.
Und Angst alles aufzugeben.
Aber auch Angst den Kampf aufzunehmen.
Es lohnt sich nicht mit dem das ich noch lebe anzugeben.
Weil in meinem Leben tut keine Sonne scheinen.
Ich fang wieder an mich in den Schlaf zu weinen.
Wie damals in der Klinik mit 11.
Ich weiß nicht wie ich mir noch helf.
Vielleicht war es der Schritt in die Klinik zu gehen.
Um eines Tages die Hoffnung zu sehen.
In diesem so kaputten Leben.
Kannst du mir nur eine Umarmung geben?
Ich habe diese Bitte vermieden
Aber ich glaube in deinen Armen finde ich Frieden.
Und kann danach den Kampf wieder wagen.
Ich möchte dir nur danke sagen.
Dafür das ich dich kenn.
Selbst wenn ich wieder in mein Ende renn.

Algorithmen

Ich brauch eine Pause.
Weil ich kann nicht das Leben lieben, wenn ich in einer Welt von Algorithmen Hause.
Weil diese mir guttun und mich beschäftigen.
Meine Bildschirmzeit tut das bekräftigten.
Das ist der Beweis ich häng fest in diesem gesellschaftlichen Netz.
Da ich wie viele andere die reale Welt durch die sozialen Medien ersetz.
Weil diese Apps dafür sorgen, dass du ein wenig glücklicher bist.
Obwohl dein Leben am Ende eigentlich nur ohne echte Emotionen ist.
Wobei noch schlimmer ist, dass niemand eigenständiges Denken vermisst.
Wobei fast jeder vergisst.
Die Menschen die uns diese Technik brachten.
Waren Menschen die eigenständig dachten.

Jeder ist majestätisch

Alles ist irgendwo ästhetisch.
Und jeder einzelne ein wenig majestätisch.
Du musst es nur sehen.
Dann kannst du es verstehen.
Es ist egal ob Penthouse oder Plattenbau.
Meine Kunst ist schön, wenn ich mich aus dem Schatten trau.
Aber dafür muss ich es akzeptieren.
Ja, ich kann es nicht nur realisieren.
Ich muss es mit jeder Faser leben.
Weil erst dann kann ich wahrlich alles geben.
Ganz egal ob für eins meiner Gedichte.
Oder das Ende meiner eigenen Geschichte.
Aber dafür muss ich erstmal den Mut finden.
Mich nicht mehr an meine Vergangenheit zu binden.
Auch wenn diese mich verletzt hat.
Weil mich jeder ersetzt hat.
Das sind die schmerzlichen Erinnerungen, die bleiben.
Aber ich muss jetzt meine eigene Geschichte schreiben.

Seit ich 11 war

Ich wünsche mir das ich aus dem Fenster spring.
Spätestens seitdem ich mit 11 in die Klinik ging.
Weil ich Angst habe.
Das siehst du an meiner Brandnarbe.
Die ich seit meinem Selbstmordversuch trage.
Da ich niemals nach Hilfe frage.
Denn ich kann nicht drüber sprechen.
Schon das daran denken tut mich zerbrechen.
Für was tut sich das Schicksal rächen?
Kann ich eines Tages wieder lächeln?
Ich weiß es wirklich nicht.
Da niemand drüber spricht.
Das die Depressionen einen fertig macht.
Ich wünschte ich hätte es zu Ende gebracht.
Weil dann fände ich Frieden.
Hätte ich mich für den Suizid entschieden.

Nur Dich

Ich will das alles nicht mehr.
Ich versagte zu sehr.
Weil die Depression wird nur schlimmer.
Und ich denk an Suizid so oft fast schon immer.
Weil mich hier nichts mehr hält.
Bis die letzte Träne fällt.
Da ich dann Suizid begehe.
Weil ich das Leben nicht mehr verstehe.
Und nur Dich würde ich vermissen.
Weil alles andere hat mein Herz zerrissen.

Friends und Family

Robin

Du bist für mich da
Danke, dass ich Gnade erfahr
Da ich oft am Ende bin
Ich seh zu selten einen Sinn
Aber du schenkst mir einen Rat
Wie ihn sonst niemand hat
Dafür danke ich dir
Gott sei Dank, bist du hier
Und wirst es hoffentlich auch bleiben
Du kannst mir immer schreiben
Falls irgendwas ist
Da du einer meiner Engsten bist

Jose

Ich schrieb noch nie so ehrliche Zeilen.
Aber die Erinnerung tut schmerzlich verweilen.
Mit 4,5 in deinem Zimmer.
Ich denk damals zerbrachen wir für immer.
Und damals gab ich die Hoffnung auf.
Weil mein Herz blutet aus.
Wenn ich mich dran erinner.
Mit 7 sah ich meine Mutter zuletzt, für wahrscheinlich immer.
Da sie mich niemals wollte.
Und ich eigentlich nie geboren werden sollte.
Aber trotzdem wünsche ich ihr nur das Beste.
Und sie soll wissen das ich sie niemals ersetze.
Weil sie hat mir, wenn auch ungewollt das Leben geschenkt.
Selbst wenn sie jetzt niemals an mich denkt.
Deswegen Mama ich weiß nicht, wie ich zu dir steh.
Da ich, wenn ich an dich denk nur Schmerzen seh.
Egal ob Zukunft, Vergangenheit oder Gegenwart.
Da mir niemals eine normale Familie gegeben war.

Jose 2.0

Ich und mein Cousin sind wie Brüder verstreut vom Wind.
War einer von uns ein gewolltes Kind?
Weil keinem von uns wurde Liebe gezeigt.
Weswegen ich die Erinnerung vermeidt.
Wie wir damals in deinem Zimmer saßen.
Und so langsam unsere Väter vergaßen.
Weil beide eigentlich niemals da waren.
Weswegen wir voller Hoffnung zu unseren Müttern sahen.
Aber da auch sie uns fallen ließen.
Können wir keine Tränen mehr vergießen.
Da wir immer stark sein mussten.
Und nahmen Drogen da wir keinen anderen Ausweg wussten.
Und jetzt weiß ich nicht mehr, wo mein Cousin ist.
Aber Bruder ich hoff das du noch am Leben bist.

Mom

Dunkelheit mit einer Prise Schmerz

Hallo Mom,

Oder sollte ich Kirsten sagen, weil immerhin haben wir uns 14 Jahre nicht gesehen und ich erinnere mich kaum an dich.

Ich bin mittlerweile 21 Jahre alt und meine Sicht ist verschwommen und ich weiß nicht, ob es am Alkohol oder den Tränen in meinen Augen liegt, was genauso verschwommen ist, ist die Erinnerung an dich. Ich erinnere mich daran, wie du mich abgewiesen hast, wie du mir verboten hast mit dir zu reden, wie du mich nie in den Arm genommen hast, wie du mir gezeigt hast, dass du mich hasst.

Ich habe mich nie von erholt, weil ich die Schuld bei mir seh, hätte ich dich weniger genervt, hättest du mich vielleicht ertragen können, aber ich war 4 und wusste es nicht besser. Trotzdem hasse ich mich dafür, weil ich glaub, deswegen habe ich dich verloren. Ich wünschte ich wäre mehr für dich da gewesen. Ich hätte dir so gern gezeigt, dass ich mehr als ein Fehler bin, mehr als ein geplatztes Kondom, mehr als eine Enttäuschung.

Das du mich hasst, hat sich so sehr in mein System gebrannt, dass ich denk, wenn meine Mutter mich nicht lieben konnte, dann kann es keiner, weil seit ich dich verlor, kann auch ich mich nicht mehr lieben.

Ich wollte doch einfach nur eine Mutter haben, eine Mutter, die da ist, wenn meine engsten Freunde sich das Leben nehmen, eine Mutter der ich erzählen kann, dass ich mich verliebt habe aber das werde ich nie haben und stattdessen muss ich mich bei Leuten entschuldigen, dass ich so anstrengend bin, weil du mich so behandelt

hast und ich seitdem denke das jeder meiner Atemzüge eine Beleidigung für die Menschen in meiner Umgebung ist
Ich habe mich unzählige Male probiert umzubringen, um dich von deiner Last meine Mutter zu sein, zu befreien. Doch nicht einmal, das habe ich geschafft und das tut mir leid.
Ich habe dich unfassbar lieb und ich vermisse dich seit 14 Jahren, obwohl du mir eigentlich schon mein ganzes Leben fremd bist.
Hättest du mich, damals wie angedroht im Klo runtergespült, wäre dein Leben leichter gewesen, es tut mir leid, dass ich so eine Schande bin, da ich dein einziger Sohn bin und ich nichts habe auf, dass du stolz sein kannst,
Ich wünschte du könntest mir eines Tages vergeben, aber ich weiß, dass wirst du nicht und das ist okay.
Ich werde dich immer lieb haben und mir wünschen dir geht es gut

Meine Schuld

Ohne Eltern aufwachsen mündet in einem Alptraum
Von du lernst Leuten zu vertrauen
Bis sie wieder gehen
Und du kannst sie nie wieder sehen
Weil beim Jugendamt wird Datenschutz großgeschrieben
Aber auch sonst ist nie jemand geblieben
Seit 21 Jahren lebe ich in meiner Dunkelheit
Mir tut es unendlich leid
Für jeden Menschen der mich traf
Ich weiß, dass ich mich mit Einsamkeit bestraf
Weil meine Mutter wollte mich nicht
Das beweist für mich
Das ich der Fehler in der Gleichung bin
Alles andere macht für mich keinen Sinn
Weil ich bin ein hoffnungsloser Fall
Und vielleicht auch zu emotional
Weil es ist meine Schuld, dass ich diese Menschen verlier
Oder warum ist am Ende nie jemand mehr hier?

Suff Gedanken 15.0

Ich sag immer wieder sorry, Mom
Das ich mir dieses Leben nicht nahm
Obwohl das den Fehler wieder gut macht
Der mich auf diese Erde bracht
Und du müsstest mich nicht mehr bereuen
Stattdessen könntest du dich freuen
Weil dein Fehler ist, nicht mehr
Ich weiß, wir beide wünschen uns das sehr
Weil ich hasse mein Leben
Und du wolltest mir dieses Leben nicht geben
Deswegen Mom irgendwann habe ich den Mut
Und mach dein Fehler wieder gut

Tut mir leid, Mom

Es tut mir leid, Mom
Das ich die ganzen Drogen nahm
Anstatt mir selbst das Leben
Ich würde so gerne mit dir reden
Aber ich weiß, du kannst mir nicht verzeihen
Deswegen kann ich nicht heilen
Doch das ist in Ordnung so
Sollte ich dich mal treffen irgendwo
Werde ich Entschuldigung sagen
Und dich dann nie wieder plagen

Nie mehr als dein Fehler

Da ich dich zuletzt sah
Als ich gerade sieben war
Ich war noch so unfassbar klein
Ich werde nie mehr als dein Fehler sein
Egal, was ich auch probiere
Da ich sowieso nur verliere
Wenn es gut läuft, nur ein Teil von mir
Wenn es schlecht läuft, ist wieder niemand hier
Und ich muss wieder allein überleben
Dabei würde ich mich so gern ergeben
Und nie wieder diese Panik empfinden
Aber sie wird nie ganz verschwinden
Da immer nur alles Gute mich verlässt
Vielleicht ist das alles auch nur ein Test
Und ich bin einfach mal wieder zu schlecht
Weil ich finde es ist gerecht
Das ich so sehr leide
Weil ich war, nicht genug da für uns beide
Weder für dich meine Mom noch für mich selber
Jetzt bin ich älter
Und muss diese Schuld ertragen
Und kann nicht mal Entschuldigung sagen
Weil meine Mutter nicht mehr mit mir spricht
Deswegen vergeben kann ich mir nicht

Etwas Liebe

Ich weiß, dass meine Mutter sich mit 14 prostituierte
Wobei sie eigentlich nur probierte
Etwas Liebe zu bekommen
Ich sehe schon wieder verschwommen
Weil ich realisier
Mit 14 bei mir
War es so auch
Ich weiß, dass ich eine Umarmung brauch
Aber ich weiß, dass mich nur wer hält
Wenn ich tue, was mir nicht so wirklich gefällt
Aber daran habe ich nie so wirklich gedacht
Weil für eine sinnlose Nacht
Habe ich etwas Liebe gekriegt
Dafür habe ich meine Zurückhaltung besiegt
Und gab mein Körper her
Weil dann leide ich nicht mehr ganz so sehr
Weil ich denk jemand liebt mich
Aber am Ende weiß ich
Geliebt werde ich nicht
Weshalb was in meinem Herz zerbricht
Weil ich wie meine Mutter bin
So viel ohne Sinn
Damit jemand liebevoll zu mir ist
Oder mich vermisst
Sowie nicht vergisst
Aber ich weiß, dass da nie jemand ist
Außer vielleicht eine Nacht lang

Dunkelheit mit einer Prise Schmerz

Danach bin ich wieder in Einsamkeit gefang
Weil niemand mich jemals lieben kann
Deswegen lass ich immer wieder jemand ran
Für das Gefühl wichtig zu sein
Dabei bin ich für immer allein

Es ist lange her

Mom ich weiß es ist lange her.
Aber ich vermiss dich noch sehr.
Weil ich war gerade sieben.
Und du bist nicht geblieben.
Ich weiß, die Schuld liegt bei mir
Ich wünschte du wärst ab und zu hier
Weil dann könnte ich da für dich sein
Aber du ließt mich allein
Deswegen ich hoffe es geht dir gut
Ich habe dich zu suchen nicht den Mut
Aber ich habe dich lieb
Tut mir leid, dass ich so lange in deinem Leben blieb

Gewählte Mama

Ich weiß, gar nicht so wirklich was eine Mama ist
Aber ich bin sehr dankbar das du unsere Mama bist
Das Wichtigste lehrtest du uns
Am Ende sind wir immer deine Jungs
Egal, wieviel scheiße wir auch bauen
Weil auf Mama können wir vertrauen
Die Frage kann noch so dumm sein
Wir können trotzdem mit ihr bei Mama erschein
Und diese Frage stellen
Weil Mama wird uns mit etwas Logik erhellen
Dafür und allgemein sind wir dankbar
Da uns mit dir die beste Mama gegeben war

Suff Gedanken 3.0

Mit 21 Jahren bin ich vielleicht noch jung
Aber dieser Schmerz bringt mich um
Ich kann nicht mehr klar denken
Kannst du mir etwas Gnade schenken?
Die ich mir gerade nicht selber schenken kann
Weil ich bin, nur ein junger Mann
Verloren in einer Welt
Die immer weiter zerfällt
Schon seit 21 Jahren
Ich würde gern erfahren
Wie es ist seinen Vater zu sehen
Oder nach Hause zu gehen
Und Mama fragt wie war dein Tag?
Ich weiß, dass ich diese Last trag
Weil meine Eltern haben mich gemacht
In einer lieblosen Nacht
Aber wie sollte es auch anders sein?
Für meine Familie wird keine Sonne mehr Schein
Weil meine Mom prostituierte sich mit 14
Vielleicht werde ich deswegen nie ein anderes Ziel sehn
Als mich bei meiner Mutter zu entschuldigen für die Vergangenheit
Weil ich raubte soviel ihrer Zeit
Mit so vielen sinnlosen Fragen
Sie konnte mich nur 4 Jahre ertragen
Danach musste ich musste ich fort
Seitdem wohnen wir nicht mehr am selben Ort

Dunkelheit mit einer Prise Schmerz

Aber ich durfte sie sehen, bis ich Sieben war
Für meine Mutter ist immer Liebe da
Dabei wollte sie nichts mehr, mit mir zu tun haben
Deswegen trage ich diese Narben
Aber das ist okay
Ich wünsche mir nur, dass ich nochmal meine Mutter
sehe

Beide Eltern fort

Ich bin ein 21-jähriger Mann
Der nicht schlafen kann
Weil seine Eltern sind beide gegangen
Da sie übereinstimmend fanden
Das ich nicht gut genug wäre
Deshalb ertrinke ich in so viel Leere
Da ich beide 14 Jahre nicht sah
Ich wünschte sie wäre ab und zu mal da
Um ihren Sohn zu sehen
Und vielleicht könnten sie dann verstehen
Das er sein Bestes versucht, sie stolz zu machen
Dabei zerstörten sie sein Lachen
Da war er gerade 4 Jahre alt
Denn sie nahmen ihm seinen Halt
Als er ausziehen musste
Da seine Mutter nicht wusste
Wie kümmert man sich um ein Kind
Vielleicht ist es ganz gut, dass ich keine Antwort find
Darauf wie meine Mutter wirklich ist
Da sie mich nie vermisst

Pflegemutter

Ich such Sinn in der Existenz meines Seins
Nehmt alles, es ist nichts mehr meins
Weil was bringt alles ohne dich
Ich vergesse dich nicht
Du gingst als ich 14 war
Ich war nicht für dich da
Doch lernte ich aus dem Fehler?
Nein, weil 5 Jahre später
Nahm ich mir zu wenig Zeit
Es tut mir unendlich leid
Weil mein Bruder ist, fort
Und ich hasse diesen Ort

Wie soll mich wer lieben?

Während das nächste Kapitel startet
Merke ich, ich habe zu lange gewartet
Damit meinen Frieden zu schließen
Ich kann für dich keine Tränen mehr vergießen
Du wirst trotzdem immer meine Mutter sein
Dennoch gehe ich mein Weg allein
Da ich deine Entscheidung akzeptier
Seit ich sieben bin, bist du nicht hier
Weil ein Kind wolltest du nicht.
Weißt du wie oft mein Selbstbild deswegen zerbricht?
Wie soll mich wer lieben? Wenn du es nicht kannst
Da du mich aus deinem Leben verbannst
Ich probiere dennoch zu lachen
Ich würde dich gerne stolz machen
Aber du wirst mein Erfolg nicht sehen
Weil du hast dich entschieden zu gehen

Keine Eltern

Da ich keine Eltern hab
Die weinen an meinem Grab
Sterbe ich viel zu jung
Vielleicht ist das bisschen dumm
Da ich so nichts mehr erleb
Aber wenn ich mir die Kugel geb
Kann ich mein Cousin Wiedersehen
Und das ist ein guter Grund zu gehen

Keine Liebe in unserer Familie

Meine mom hat sich mit 14 prostituiert
Weil in ihrem Kosmos keine Liebe existiert
Also wie sollte sie mir was von Liebe beibringen?
Wenn in unserer Familie nie liebevolle Wörter erklingen

Von meiner Mutter

Das Einzige, was ich von meiner Mutter habe
Die ein oder andere Narbe
Sowie unzählige Fragen
Ich muss diese Last schon so lange tragen
Weil sie ging vor so langer Zeit
Seitdem lebe ich in Dunkelheit
Und erfahre nur selten Licht
Weil wenige Menschen mögen mich

Niemand liebte mich

Das sich, wer Sorgen macht, versteh ich nicht.
Weil niemand liebte mich.
Weswegen ich mich in den Schlaf wein.
Können diese Zweifel nicht mal zu Ende sein.
Die mich schon mein Leben lang begleiten.
Deswegen will ich sterben, das werde ich nicht bestreiten.
Weswegen Freunde sich sorgen ich hätte mir was angetan.
Weil ich mich nicht melden kann.
Da ich endlich eingeschlafen bin.
Oder draußen bin mit einer Flasche Gin.
Da ich der Idiot bin, der sie ext.
In der Hoffnung das sie mein Schmerz ersetzt.
Obwohl Alkohol und Drogen das nie machten.
Waren sie es die mir Kraft und Hoffnung brachten.
Ja deswegen bin ich überhaupt noch hier.
Und kämpf mit der Depression, der Vergangenheit und mir.

Zu oft High

Hab niemand der mich hält in diesen Nächten
Habe keine Ahnung von großen Mächten
Von Gott oder Schicksal
Weil ich war meinen Eltern egal
Deswegen brachten sie mir nichts bei
Und ich wurde viel zu oft high

Gekentertes Boot

Du hast mich gebrochen
Wir haben ewig nicht gesprochen
Trotzdem ziehen sich die Narben bis heut
Hast du es je bereut?
Das ich auf die Welt kam
Du bist Schuld, dass man mir dich nahm
Aber ich glaub dir war es egal
Oder ich werde zu schnell emotional
Doch du hast nie was geändert
Nur unser Boot ist noch früher gekentert
Ja, unsere Familie ging unter, da war ich noch in deinem Bauch
Ich wünschte du vermisst mich auch
Aber ich weiß du wirst es nicht
Weil niemals meldest du dich
Seit über 14 Jahren
Wieso darf ich von meiner Mom keine Liebe erfahren?
Falls es mein Fehler war, tut es mir leid
Trotzdem nehme ich mir für dich Zeit
Falls du deine Meinung ändern solltest
Auch wenn du mich niemals wolltest

Allererste Erinnerungen

Meine allerersten vergessen Erinnerungen
Wieso bin ich nicht von der Brücke gesprungen?
Weil ich sowieso keine Eltern hab
Die dann weinen an meinem Grab
Denn beide sind früh gegangen
Ich bin seitdem in Schmerz gefangen
Weil meine Eltern wollten mich nicht
Deswegen hasse ich mich
Weil ich mir die Schuld gebe
Dabei sind sie Grund das ich lebe
Nur warum fehlen sie seit über 14 Jahren
Ich würde gern was über mein Dad erfahren
Weil er war weg, von Anfang an
Ich weiß, dass ich nicht vergessen kann
Denn meine Mum ging, da war ich sieben
Werde ich mich jemals selber lieben?

Nur gerannt

21 Jahre lang gerannt
21 Jahre lang Vater nicht gekannt
Und 14 Jahre ohne Mom
Ich weiß nicht, wie ich bis hierherkam
Mit diesem ungewollten Leben
Ich kämpfe jeden Tag ums Überleben
Weil ich mich selbst so sehr Hass
Das ich mich nicht glücklich werden lass

Es tut mir leid

Ich werde bei dem Thema so schnell emotional
Sag Mama bin ich dir wirklich egal?
Weil ich werde, jetzt 22 ohne dich
Und 14 Jahre lang sah ich dich nicht
Weil du hattest, nie für mich Zeit
Trotzdem wird aus dem du hast mir weh getan, es tut mir leid

Kann ich gut genug sein?

Wie kann ich gut genug sein?
Weil selbst meine Mutter ließ mich allein
Vor mittlerweile fast 15 Jahren
Werde ich je Vergebung erfahren
Da es hieß meine Mutter konnte mich nicht ertragen
Dafür werde ich mein Leben lang Entschuldigung sagen
Obwohl meine Mutter mit ihren Taten mein Herz brach
Weswegen ich so selten von ihr sprach
Da ich sie noch immer vermiss
Obwohl sie noch immer will das ich mich verpiss

Pflegemutter 2.0

Vor über einem halben Jahrzehnt bist du gegangen
Ich bin wieder in meinem Schmerz gefangen
Weil du hast mir ein Platz gegeben
Als es hieß meine Mutter will nicht mehr in meiner Nähe leben
Vor all dieser Zeit
Ich empfinde noch so viel Leid
Weil dein Tod hat mich zerrissen
Ich werde dich immer vermissen

Wieder beschissen

Mir geht es wieder beschissen
Weil ich muss, Zuviel Leute vermissen
Deswegen ist mein Herz wieder zerrissen
Und ich habe ein schlechtes Gewissen
Weil ich war, nicht genug da
Als der eine Cousin in der Sucht und der andere in der Depression gefangen war
Da ich selber Probleme habe, die mich jede Nacht fast besiegen
Aber vielleicht bin ich einfach nicht zu lieben
Und sollte endlich unter der Erde liegen
Aber ich habe keine Ahnung, weil, statt nach Hilfe zu fragen habe ich geschwiegen
Weil ich Angst habe das ich wen belast
Denn mitunter, deswegen habe ich mich immer so gehasst
Selbst jetzt wo fast jede Erinnerung verblasst
Wünschte ich, ich hätte früher die Erkenntnis gefasst
Meine Mutter mit 2 weniger zu stören
So hätte sie mich ertragen und würde meine Hilfeschreie heute hören
Aber ich konnte es nicht, deswegen hassen mich von meinen Eltern heute beide
Das ist der Grund warum ich heute und für immer allein leide

Kein zu Hause

Ich komm nie zu Hause an.
Weil ich nicht weiß, was ich zu Hause nennen kann.
Denn ein zu Hause hatte ich nie.
Und eigentlich brauch ich eine Therapie.
Aber dafür braucht man Jahre oder Glück.
Bis dahin verlier ich von meinem Herzen das letzte Stück.
Weil ich habe jeden Splitter auf meinem Weg verloren.
Bin ich zu ewigem Leid auserkoren?
Oder ist es im Augenblick nur wieder Zuviel?
Weil ich zu tief in Richtung Hölle fiel?
Ich weiß es wirklich nicht.
Ich weiß nur das die Wahrheit der Vergangenheit mir das Herz zersticht.
Wie ein Messer beschichtet mit Gift.
Die einzige Rettung ist Papier und Stift.
Weil ich kein Therapieplatz find.
Dabei brauchte ich den Platz schon als Kind.
Als meine Mutter ging.
Und ich Angst hatte das ich spring.
Weil ich mir die Schuld gab.
Das ich keine Eltern hab.
Mittlerweile habe ich es ein wenig besser verstanden.
Obwohl meine Eltern nie den Weg zurück zu mir fanden.

Bastard meines Vaters

Ich weiß nicht, ob mein Blick es gesteht.
Aber du siehst ein Lächeln, was aus den Splittern meines Herzens besteht.
Denn meine Eltern schlugen meine Seele in Scherben.
Werde ich diese Fehler erben?
Diese Gedanken kommen mir in den Sinn.
Bin ich Schuld daran das ich gezeugt worden bin?
Weil für meine Eltern bin ich nur ein Versager.
Und trotzdem weine ich um meinen Vater.
Wenn es heißt das er gestorben ist.
Obwohl mein Vater mich seit der Zeugung vergisst.
Und meine Mutter mich niemals vermisst.
Weswegen mich wieder dieser Zweifel zerfrisst.
Dann fange ich auf dem Nachhauseweg zu weinen an.
Da ich mich nicht bei meinem Vater entschuldigen kann.
Das er in seinem Bastard nichts Ertragbares fand.
Obwohl uns dieses Blut verband.
Und meine Mutter konnte ihren Fehler nicht ertragen.
Deswegen kann ich nie Entschuldigung sagen.
Weil mit 7 konnte ich den Kontakt einfach nicht suchen.
Aber jetzt tu ich mich verfluchen.
Wenn ich meine Mutter vermiss.
Selbst wenn ihre Abneigung mich komplett zerriss.

Keine Erinnerung

Ich weiß nicht mal, wer meine Eltern sind.
Da ich keine Erinnerung find.
Ist deswegen alles ohne Sinn?
Weil ich nicht weiß, wer ich bin?
Oder kann ich meine eigene Geschichte schreiben.
Weil so müssten keine Narben bleiben.
Wenn ich mich auf mich selbst verlass.
Ab dem Moment ab dem ich mich nicht mehr Hass.

Kaputte Kinder

Ich wünschte du würdest mir zeigen, wie man weinen kann.
Weil erst dann ist die Zeit für Erlösung dran.
Denn ich kann das alles nicht.
Und ich beneide dich.
Weil weinen tut Schmerzen lindern.
Ich war eins von den kaputten Kindern.
Die Angst vor allem haben.
Weil ihre Eltern ihnen keine Liebe gaben.

Keine Liebe

Keine Liebe ich wurde gezeugt in einer Nacht.
Was hat es mit mir gemacht?
Als ich die Wahrheit erfahr.
Plötzlich war ich für mich selbst eine Gefahr.
Denn die Schuldgefühle waren wieder da.
Das ich schuld an dem Hass meiner Eltern war.
Denn jetzt geb ich zu das mich die Wahrheit zerriss.
Weil ich irgendwie sowas wie Eltern vermiss.

Ein wenig Glück

Meine Zeilen sind schwer vom Schmerz.
Denn aus mir spricht ein leidendes Herz.
Was seit Jahren nicht heilt.
Da es noch in der Vergangenheit verweilt.
Obwohl ich diese Vergangenheit fast gänzlich verdräng.
Bis ich mich endlich erhäng.
Aber ich weiß, dass ich mich das nicht trau.
Aus Angst das ich es wieder versau.
Weil nach dem Suizid gibt es aus der Hölle kein zurück.
Und eigentlich wünsche ich mir nicht den Tod, sondern nur ein wenig Glück.

PZN

Dunkelheit mit einer Prise Schmerz

Hallo Bro,
Ich vermisse dich so unendlich, soviel mehr als ich es je in Worte fassen könnte, es ist nun fast genau 2 Jahre her, dass du gestorben bist bzw. in 3 Tagen bist du genau 2 Jahre fort. Ich erinnere mich an alles es ist so sehr in mein Kopf gebrannt, weil 3 Tage vor deinem Tod hast du mich mitten in der Nacht angerufen, ich schlief und ging nicht ran, am Morgen danach haben wir geschrieben du warst unfassbar drauf ein kleinwenig Koks laut deiner Aussage nur um in der nächsten Audio zu erwähnen, dass du am Tag zuvor 17 Xans genommen hast die immer noch wirken, du wolltest mich sehen, ich sagte ich kann nicht, weil ich in der Klinik bin, die Wahrheit war es war Sonntag ich hätte Zeit gehabt aber die Klinik war so anstrengend ich brauchte einfach Ruhe. Am selben Tag schickte ich dir eine Audio, um dich was wegen dem zweiten Weihnachtsfeiertag zu fragen und zwar ob wir uns sehen würden, zu dem Zeitpunkt wusste ich noch nicht, dass ich dich nie wieder sehen würde, weil 2 Tage später an einem Dienstag schrieb ich dir ob alles okay sei bei dir, weil ich hatte keine Antwort von dir aber das war der Tag an dem du Frieden gefunden hattest, wie ich 2 Tage später von meiner Betreuerin erfuhr. Ich habe so viel Angst, dass du mir 2-3 Tage vor deinem Tod erzählen wolltest, dass du nicht mehr kannst, dass du einfach nicht mehr willst, weil so oft haben wir darüber geredet, wie müde wir sind und wie sehr wir Angst haben alt zu werden. Du warst damals 20 und ich weiß noch, wie ich mich damals mit 19 nach deinem Tod isoliert habe, weil ich nicht mehr weiterwusste. Dein Tod hat mich

erwachsen gemacht, denn mit dir starb all die Lebensfreude und all das Licht, dass aus meiner Kindheit blieb.
Ich bin mittlerweile 21 Jahre alt und somit 1 Jahr älter als du es wurdest, dabei warst du immer der um ein Jahr ältere von uns beiden. Derjenige zu dem ich aufgeschaut habe und mit dem ich geredet habe über meine Kunst und du warst so begeistert von dem, was ich schrieb und wie ich es schrieb, du mochtest die Handschrift meiner Gedichte und seit deinem Tod haben sie alle eine Handschrift, die von Schmerz getränkt ist, weil sie alle erinnern mich an dich und die Gespräche, die wir über sie geführt haben.
Nur für dich habe ich mein erstes Buch rausgebracht, um unseren Traum Kunst mit der Welt zu teilen zu erfüllen. Ich schreibe obwohl es wehtut trotzdem noch, weil nur so komme ich klar mit der Dunkelheit meiner Welt und nur so kann ich Leuten zeigen wie sehr ich sie schätze, obwohl es seit deinem Tod nur noch sehr wenige Menschen in meinem Leben gibt, weil seit ich nicht für dich da war, verdiene ich es noch weniger geliebt zu werden als ohnehin, wobei ich wie du es nicht wusstest noch immer nicht weiß und zwar ob ich geliebt werden kann, sooft redeten wir darüber wie sehr wir uns eine Person wünschen die uns liebt und hält, weil die Welt wieder zu grausam ist. Ich denke mich wird niemals jemand lieben können und das zurecht, weil so oft war ich für Menschen nicht genug da vor ihrem Tod, sei es dein Tod, der von Rebecca, als ich 14 war oder Aurora's ein Jahr nach deinem Tod, ich war für euch alle viel zu wenig da und das kann und werde ich mir nie verzeihen.

Dunkelheit mit einer Prise Schmerz

Denn auch nach deinem Tod war ich fast nie an deinem Grab, weil ich nie die Kraft hatte und nur dank einem viel zu netten Menschen habe ich es nach fast 2 Jahren überhaupt mal geschafft zum ersten Mal dein Grabstein zu sehen und dafür bin ich unendlich dankbar. Trotzdem probiere ich, dich öfter zu besuchen, um dir zu zeigen, ich denk an dich.
Ich geb mein bestes, obwohl das nie genug war.
Ich habe dich lieb und bereue es, dir das nie gesagt zu haben und wünschte noch immer statt deiner wäre ich gestorben, weil im Gegensatz zu dir bin ich ohne Wert und ohne Menschen, die mich lieben, weil auch wenn du es nicht gesehen hast, Paula hat dich geliebt und deine Eltern auch. Ich wusste um die Dunkelheit, die du trägst und war trotzdem nicht genug für dich da, das werde ich mir nie verzeihen.
Ich habe Angst, ohne dich nicht stark genug für den Schmerz dieser Welt zu sein, aber ich weiß, dass ich all meinen Schmerz verdiene, weil ich nicht genug für dich gab.
Ich werde dich immer lieb haben und ich hoffe du kannst mir verzeihen, weil ich kann es nicht

Schnee im Sommer

Ich weiß, dass ich dich in so viel Dingen seh
Weil in Berlin fällt ausnahmsweise Schnee
ich weiß, dass bei dir Schnee auch im Sommer fiel
Und das leider viel zu viel
Dazu all diese Tabletten
Ich konnte dich nicht retten
Dabei hätte ich dafür alles gegeben
Wenn nötig mein Leben
Weil du warst immer soviel besser als ich
Und so viel Menschen vermissen dich

Dieser Idiot

Ich probiere nächstes Jahr etwas mehr zu heilen
Und etwas mehr Kunst mit der Welt zu teilen
Weil mein Cousin ist seit 2 Jahren fort
Deshalb erscheint von seiner Kunst kein Wort
Dabei habe wir beide jahrelang geschrieben
Ich werde diesen Idioten immer lieben
Aber ich wünschte er wäre hier, um das alles zu sehen
Oder um wie ich in Therapie zu gehen
Zumindest ist das für 2025 der Plan
Damit ich vielleicht etwas heilen kann
Aber dafür muss körperlich alles besser sein
Ich meine Silvester allein
Kotze ich dreimal Blut
Vielleicht wird doch nicht alles gut?

Übergroßer Schmerz

Du bist so lange nicht mehr hier
Ich merke wie ich wieder alle verlier
Da ich mich wie du auch immer wieder frag
Gibt es da draußen irgendwer der mich mag
Weil ich fühle mich so verloren in der Welt
Da es niemand gibt der mich hält
Und mir etwas Sicherheit schenkt
Da niemand an mich denkt
Und das verstehe ich vollkommen
Ich wäre so gern mal willkommen
Aber das werde ich nie sein
Deswegen weine ich jede Nacht allein
In der Hoffnung es wird besser irgendwann
Aber falls nicht, weiß ich wie ich helfen kann
Und zwar wie du, mit einer Überdosis
Weil unser Schmerz so übergroß ist

Traumata, Erinnerungen und Schmerz

Ich nehme Abschied von euch beiden
Ich werde auf ewig leiden
Weil ich nicht, da war
Da ich das gesamte Ausmaß nicht sah
Ich kotze vielleicht Blut
Aber das macht nicht wieder gut
Das ich nicht mal nach deinem Wohlbefinden frage
Und dir einfach sage
Ich bin für dich da und helfe dir mit deiner Last
Ich habe die Gelegenheit verpasst
Weil nun bist du schon gegangen
Ich bin wieder gefangen
In Traumata, Erinnerungen und Schmerz
Mit euch starb ein Teil von meinem Herz

Teil des Fluches

Du kommst nie wieder zu Besuch
Das ist Teil von dem Fluch
Den dein Tod mit sich brachte
Ich weiß, noch wie ich mit dir lachte
Das ist nun fast 2 Jahre her
Ich vermisse dich noch sehr
Und werde dich vermissen für alle Zeit
Mir tut es unendlich leid
Weil viel zu lange schaffte ich es nicht
Und besuchte dich
Aber mittlerweile kann ich dich besuchen
Deswegen werde ich es immer mal versuchen
Aber das kann ich nur, dank einer Person, die da für mich ist
Weil sie weiß, wie wichtig du mir bist
Deswegen bin ich der Person so dankbar
Aber auch ansonsten ist sie unfassbar
Weil sie ist für mich da
Wie es sonst niemand war
Da sie mir Positivität schenkt
Und ab und zu an mich denkt
Deswegen dank ich ihr
Weil so ist alles etwas erträglicher hier

Meine Welt zerbrach

Du bist fast 2 Jahre fort
Ich spüre deine Gegenwart an diesem Ort
An dem ich dich damals traf
Ich weiß, dass ich es niemals schaff
Ein Vers zu schreiben der deiner würdig ist
Da du auf ewig in meinem Herzen bist
Ich habe selten einen Menschen so sehr vermisst, wie dich
Weil damals zerbrach meine Welt für mich
Und ich erhole mich nicht
Da meine Welt immer wieder zerbricht
Und immer immer weiter zerfällt
Da mich nie jemand hält
Und mir Zeit gibt zu heilen
Daher schreibe ich alles, was ich fühle in Zeilen
So als würde es etwas besser machen
Dabei verlor ich mein Lachen
Und das kriege ich nicht zurück
Weil dafür verlor ich von mir selbst ein zu großes Stück

Deine Audios

Ich höre mir deine Audios an
Wenn ich mich nicht mehr erinnern kann
Wie deine Stimme klang
Ich habe so oft den Drang
Dich da, wo Du bist zu besuchen
Aber ich weiß du würdest mich verfluchen
Wenn ich mit 21 geh
Obwohl du verstehst, warum ich keine Hoffnung seh
Weil du saßt neben mir, auf Rebeccas Beerdigung
Ich habe noch immer keine Entschuldigung
Weil ich war, nicht genug für Rebecca da
Auch wenn ich 14 war
Finde ich zählt das als Ausrede nicht
Aber noch viel mehr hasse ich mich
Weil ich war, auch nicht wirklich da für dich
Weshalb mein Herz immer wieder zerbricht
Weil wir gehen auf dein 2ten Todestag zu
Und mit 21 bin ich ein Jahr älter als du
Dabei warst du immer der ältere von uns beiden
Ich werde auf ewig leiden
Weil ich Rebecca, Aurora und dich vermiss
Da das alles mir so sehr das Herz zerriss
Das ich im Bett liege und nach Luft ringe
Mit der Angst, dass ich in mein Ende springe

Stern

Ich blicke schon wieder hoch zu den Sternen
Wieso musstest du dich so entfernen?
So, dass ich dein Leid nicht genügend sah
Ich war viel zu wenig für dich da
Und dann warst du für immer fort
Ich hasse diesen Ort
Weil ohne dich, ist er so gefüllt von Leere
Ich frage mich, wie es wäre
Wärst du noch immer hier
Mit deinem Tod starb auch ein Teil von mir
Und ich bekomme ihn nicht zurück, weil er wurde mit dir begraben
Ich trage so viel Narben
Aber keine hat so viel Gewicht
Wie diese eine für dich
Die auf meinem zersplittertem Herzen ist
Bitte weiß, dass du immer in meinem Herzen bist
Egal wohin, ich auch geh
Da ich dich jede Nacht am Himmel seh
Weil du bist für mich, da oben dieser eine Stern
Und deswegen habe ich diesen Stern, besonders gern

Kein Wiedersehen

Ich liege krank im Bett
Frag mich wie es wäre, wenn alles ein Ende hätt
Dann würde ich endlich frei sein
Oder zumindest nicht mehr allein
Weil ich wäre, wieder mit meinem Cousin vereint
Ich habe viel zu wenig um ihn geweint
Denn für weinen war ich nicht stark genug
Und dass ich es heute kann ist nur Betrug
Weil ich schaffe es nicht mal zu seinem Grab
Da ich weiß, dass ich nicht genug für ihn gab
Aber die Zeit kann ich nicht zurückdrehen
Ich werde ihn nie wiedersehen
Sowie viele andere Menschen auch
Ich weiß nicht, was ich brauch
Um all diesen Schmerz loszulassen
Und in mein eigenes Leben zu passen
So, dass ich endlich mal Glück empfind
Was schwierig ist, da ich Nettigkeit als Ironie empfind

Vergesse dich nicht

Ich habe dich verloren
Dabei habe ich mir geschworen
Ich werde da für dich sein
Aber jetzt bin ich allein
Für alle Zeit
Ich war für dein Ende nicht bereit
Weil du hattest so viel vor dir
Aber jetzt bist du nicht mehr hier
Deswegen schreib ich für dich immer wieder ein Gedicht
Weil dein Bro vergisst dich nicht

Freund aus Kindheitstagen

Ich wollte dich nie verlieren
Aber es musste passieren
Weil du zogst, immer immer immer mehr
Denn die Sucht war niemals fair
Es fing an mit ein bisschen Weed
Ich musste sehen, was dann geschieht
Mit meinem Freund aus Kindheitstagen
Ich wollte dich nie zu Grabe tragen
Doch du ließt mir keine Wahl
Deine Eltern weinen zu sehen war eine Qual
Die mir das Herz zerbrach
Tut mir leid, dass ich zu selten sprach
Darüber wie stolz ich auf dich war
Denn ich war zu selten da
Weil ich war in meinem Schädel gefangen
Ich wünschte statt dir wäre ich gegangen
Da ich keine Eltern hab, die weinen an meinem Grab
Tut mir leid, dass ich nicht genug für dich gab

Ich bin allein

Seit deinem Tod bin ich allein
Ich werde immer stolz auf dich sein
Wie sehr kann keine Zeile beschreiben
Ich wünschte, ich könnte weinen
Aber stattdessen fühle ich
Wie alles immer weiter zerbricht
Weil ich weiß, nicht wie man Heilung findet
Da immer alles Glück aus meinem Leben verschwindet

Tiefergehend allein

Ich besuche dich nie
Da ich mir nie verzieh
Du warst nicht da für mich
Und ich zu wenig für dich
Das ging eigentlich immer klar
Aber auf einmal bist du nicht mehr da
Und ich bin tiefergehend allein
Es wird nie wieder sein
Wie zur damaligen Zeit
Bruder mir tut das alles leid

Derselbe Fehler

Du gabst mir ein Heim und essen
Ich werde dich nicht vergessen
Du starbst als ich 14 war
Ich weiß, ich war nicht genug für dich da
Das tut mir unendlich leid
Ich war nicht stark genug zu der Zeit
Und auch noch nicht 5 Jahre später
Weil ich machte denselben Fehler
Und jetzt ist mein Bruder fort
Ich hasse diesen Ort
Ohne euch ist er leer
Ich ertrage mich selbst nicht mehr

Schöner mit dir

Ich hab Verständnis für dich
Und ich vergesse dich nicht
Weil ich trag, dieselben Flüche
In meiner verdammten Psyche
Und das schon jahrelang
Du erinnerst mich daran
Das meine Mutter ging
Und ich keine Liebe empfing
Das zerstört mich bis heut
Du weißt nicht, wie sehr ich es bereu
Ich war nicht oft genug bei dir
Und heute bist du nicht mehr hier
Was mich unendlich zerbricht
Nur für dich habe ich mein Buch veröffentlicht
Weil du wolltest, dass Menschen es lesen
Aber mit dir hier, wäre es schöner gewesen

Zigarette

Ich rauche wieder die ein oder andere Zigarette
Und wünscht das ich mehr als nur die Erinnerung hätte
Aber du bist nie wieder hier
Diese Zeilen widme ich dir
Sowie viele andere auch
Du weißt nicht, wie sehr ich dich brauch
Um eine Antwort zu finden
Warum immer alle Menschen verschwinden
Die Schuld liegt wahrscheinlich bei mir
Aber was muss ich tun? Damit ich nicht mehr verlier

Noch hier

Schreib meinem Cousin ein letztes hab dich lieb
Obwohl ich am Ende wieder den Suizid versieb
Da ich zwar überdosiere
Aber am Ende bin ich noch hier
Und leide weiterhin
Dabei hat mein Leben keinen Sinn

R.I.P

Der Schmerz führte meine Feder
Uns hasste irgendwie jeder
Weil wir nur irgendwelche Versager waren
DIe in ihr Ende fahren
Aber ich wünschte das es anders ist
Weil ich es nicht ertrag das du jetzt einer dieser Engel bist
Denn Die Drogen haben dich am Ende besiegt
Deine Eltern haben dich trotzdem geliebt
Du warst gerade 20 trotzdem wurde es beendet
Ich wünschte ich hätte dir öfter eine Nachricht gesendet
Obwohl meine Depression mich killte
Sei sicher das bei mir nur das gute zählte
Weil über 14 Jahre warst du mir ein Bro
In meiner Erinnerung bleibt das so
Denn Bro ich vermiss dich
Diese Nachricht zerriss mich
Warum ist es so gekommen?
Ich seh nur noch verschwommen
Denn jetzt bist du gegangen
Ich hoffe du konntest ins Paradies gelangen
Aber Bro ich vermiss dich mies
Deswegen R.I.P.

Nicht genug für dich

Ich schreib jeden Vers mit Gedanken an dich
Denn ich vergesse dich nicht
Egal was auch passieren mag
Weil seit du weg bist, blutet mein Herz jeden Tag
Und das für alle Zeit
Ich war für dein Tod nicht bereit
Und kann ihn mir nicht vergeben
Wie soll ich jetzt leben?
Wissend ich habe nicht genug für dich getan
Und dass ich es jetzt nicht mehr kann

Über ein Jahr

Du kannst kein meiner Texte sehen
Wieso musstest du gehen?
Ja, ich vermisse dich sehr
Weil du bist, nicht mehr
Seit über einem Jahr bist du schon fort
Ich hasse diesen Ort
Denn du bist nicht mehr hier
Was mache ich jetzt mit mir?
So ganz allein
Wie soll ohne meinen Bruder die Sonne Schein?

Abschiedsbrief

Ich schreibe dir einen Abschiedsbrief
Weil ich bei unserem Abschied schlief
Und seitdem schlafe ich nicht mehr wirklich
Weil ich vermisse dich
Und trage diese Schuld mit mir rum
Wann bring ich mich um?
Damit ich sagen kann es tut mir leid
Ich nahm mir nicht genug für dich Zeit
Und dass kann ich mir nicht verzeihen
Ich werde für immer drunter leiden

Bruderherz

Du warst mein Bruderherz
Ich fühl einen Schmerz
Der mir den Atem raubt
Ich habe immer geglaubt
Ich gehe als erstes von uns beiden
Aber es ließ sich nicht vermeiden
Weil die Sucht nahm, einfach zu viel
Dabei war glücklich werden mal das Ziel

Weißes Papier

Schwarze Tinte, weißes Papier
Ich wünschte du wärst hier
Seit über einem Jahr bist du fort
Ich meide den Ort
An dem du liegst
Obwohl du nun mit Engeln fliegst

Opiate

Du kommst nicht wieder
Ich hör die Lieder
Die wir hörten
Während wir uns zerstörten
Auf Weed und Opiaten
Weil wir keine Lösung hatten
Für all diesen Schmerz
Dein Tod brach endgültig mein Herz

Erschießen?

Du bist nun fast ein Jahr weg
Tut mir leid, dass ich noch immer die Tränen versteck
Weil eigentlich müssten sie fließen
Ich würde mich gern erschießen
Dann kann ich dich Wiedersehen
Darf ich nicht endlich gehen?
Um diesen Schmerz nicht mehr zu empfinden
Ich muss so viel mit dir verbinden
Weil 14 Jahre warst du Teil von meinem Leben
Ich würde alles geben
Damit du noch hier bist
Weil mein Herz dich vermisst

Dunkel der Welt

Wieso muss ich von dir schreiben
Wieso konntest du nicht bleiben?
Wieso musste dich die Sucht in den Abgrund ziehen
Ja, ich glaube du wolltest fliehen
Vor dem Dunkel dieser Welt
Das auch mir nicht gefällt
Vielleicht ist es auch für mich an der Zeit
Weil für das Wiedersehen mit dir wäre ich bereit

Nicht bereit

Weiß wie es war, die Kirche zu betreten
Aber leider nicht um zu beten
Sondern um dich zu Grabe zu tragen
Ich würde gerne danke sagen
Weil Bruder du warst für mich da
Als ich keine Hoffnung sah
Weil Rebecca war, fort
Und meine Mom an einem anderen Ort
Seit viel zu langer Zeit
Deswegen wurde ich ständig breit
Um einfach weniger zu vermissen
Dein Tod hat mich endgültig zerrissen
Weil jetzt trage ich diese Bilder mit mir rum
Wann bring ich mich um?
Damit diese Bilder weg sind
Da ich keinen Frieden find
Aber ich hoffe du hast deinen gefunden
Für dich trage ich diese Wunden
Weil ich verdiene diesen Schmerz
Denn ich brach mir das Herz
Ja, weil ich nicht genug für dich tat
Weil mein Herz so gelitten hat
Doch das soll keine Ausrede sein
Meine Sonne wird nie wieder schein
Weil die Schuld wirft ein Schatten über mein Leben
Ich würde gern mein Leben, für das deine geben
Da dich Leute vermissen und das viel zu sehr

Dunkelheit mit einer Prise Schmerz

Und mir schreiben meine Eltern nicht mal mehr
Deswegen Bruder mir tut es unendlich leid
Ich war für dein Tod nicht bereit

Tut mir leid

Die ersten Zeilen widme ich dir
Weil Bruder du bist nicht mehr hier
Seit viel zu kurzer Zeit
Mir tut es für immer leid
Weil ich war, nicht genug für dich da
Da ich das gesamte Ausmaß nicht sah
Wieso hielt dich die Sucht so gefang?
Du warst mir ein Bruder mein Leben lang
Trotzdem habe ich wenig von dir gesprochen
Weil dein Tod hat mir das Herz gebrochen
Deshalb schrieb ich dir diese Zeilen
Ich hoffe ich kann irgendwann heilen

Pseudo-Psychose

Seit dir ist meine Lebensfreude weg
Tut mir leid, dass ich mich vor dir versteck
Weil ich sehe dich in den Pseudo-Psychosen
Ich kann nicht mal auf dich anstoßen
Da ich nicht mehr trink
Weil ich sonst in Zweifeln versink
Wieso war ich nicht genug für dich da
Tut mir leid, dass ich dein Leiden nicht genug sah

Bro

Hey Bro
Ich vermisse dich so
Ich bin vielleicht betrunken irgendwo
Aber niemals ganz so froh
Weil du bist, nun weg
Ich weiß nicht, wie ich mein Leid versteck
Das ich nun erleb
Ich weiß nicht, wie ich mir vergeb
Weil ich war, nicht genug für dich da
Ja, Bro tut mir leid, dass ich dein Leid nicht sah

An deinem Grab

Ich sitz jetzt an deinem Grab
Und erzähl dir wie lieb ich sie hab
Weil du bist, gegangen
Ich bin wieder so sehr in meinem Schmerz gefangen
Und möchte einfach wieder mit dir sprechen
Wieso müssen Herzen ständig brechen?
Weil so viel gute Menschen gehen
Ich werde dieses Schicksal nie verstehen

Rotwein

Ich trink zu viel Rotwein
Und wünsch mir du würdest nicht tot sein
Aber du wirst immer tot bleiben
Ich kann noch so viel schreiben
Du kommst trotzdem nicht zurück
Ich empfinde nie wieder Glück
Weil Glück verdiene ich nicht
Dafür war ich nicht genug da für dich

Römisch 20

Die römisch zwanzig am Handgelenk
Weswegen ich noch öfter an dich denk
Weil mit 20 bist du gegangen
Ich bin der Erinnerung gefang
Und sie hält mich für in ihrem Bann
Da ich dich nicht vergessen kann

Flashbacks

Ich habe Flashbacks von deinem Grab
Wegen dem Feeling das ich nicht genug für dich gab
Obwohl ich nur das Beste für dich wollte
Auch wenn es anders kommen sollte
Denn die Sucht war stärker als du
Und ich schaute nur zu
Wie alles sein Ende fand
Ich weiß, dass ich deswegen in der Hölle land

Fensterbrett

Ich setze mich wieder auf das Fensterbrett
Und wünsch mir das ich ein Fenster hätte
Nach dort oben
Um dir zu geloben
Das ich alles geb
Damit ich irgendwann unsere Träume leb

Künstlername

Ich habe deinen Künstlernamen auf der Haut
Dir habe ich meine ersten Verse anvertraut
Du fandest sie gut
Nur deswegen hatte ich den Mut
Und habe weitergeschrieben
Ich wünschte du wärst lange genug geblieben
Um dieses Buch zu sehen
Aber leider musstest Du viel zu früh gehen

Ein kleinwenig Hoffnung

Mit dir starb ein großer Teil meiner Lebensfreude
Vielleicht finde ich den Mut und weine heute
Aber ich glaube ich habe ihn nicht diesen Mut
Ich weiß es wird nicht wieder gut
Aber ich hoff alles wird irgendwie okay
So, dass ich ein kleinwenig Hoffnung seh

Kein kleinwenig Hoffnung

Ich muss mich korrigieren mit dir starb der Rest meiner
Lebensfreude
Du weißt nicht, wie sehr ich es bereute
Das ich nicht das gesamte Ausmaß sah
Ich war nie genug für dich da
Und heute kann ich es nicht mehr
Ich vermisse dich sehr
Aber du bist fort für alle Zeit
Und das tut mir unendlich leid

LIEBE

Dunkelheit mit einer Prise Schmerz

Hallo,

Was ist Liebe für mich? Das erste Wort, was mir zur Liebe einfällt, ist Angst dichtgefolgt von Schmerz.
Vielleicht, weil die Angst geliebtes zu verlieren stets allumfassend war, genauso wie der Schmerz, der mit dem Verlust von geliebten Menschen einherging.
Dennoch würde ich Liebe als etwas Bittersüßes beschreiben, wie eine Rose mit Dornen wunderschön anzusehen, aber wenn ich nicht vorsichtig genug bin, dann lässt sie mich bluten. Ich finde trotzdem es gibt nichts Größeres als zu lieben, da es mich zu einem viel besseren Menschen gemacht hat. Ich war nach der Dunkelheit meiner Kindheit jahrelang von Kälte, Hass und Schmerz geplagt, so sehr, dass ich mich in der Dunkelheit verlor. Erst das Erlernen, wie man liebt hat das Licht in mein Leben zurückgebracht. Nichtsdestotrotz sehe ich die Kehrseite der Medaille, weil lässt du eine Person in dein Herz, dann kann sie dich vernichten. Trotzdem würde ich sagen es lohnt sich immer zu lieben, weil zum Beispiel meine Mom nur nicht zu lieben, weil sie mich nicht liebt, macht das Ganze für mich auch nicht leichter. Vielleicht ist es aber auch meine Bestimmung im Leben immer zu lieben und nie geliebt zu werden, weil vielleicht verdiene ich es nicht anders. Das würde zumindest erklären, warum jede Person in meinem Leben stets gegangen ist und nie um mich gekämpft hat. Ich weiß nicht, was die Zukunft bringen wird aber eine Person, die mich nach 1-2 Monaten nicht aufgibt wäre schon schön, aber falls das nicht der Fall ist, dann naja

ich bin stets da für die Personen, die mir wichtig sind, falls was ist, auch wenn sie mich nicht mehr mögen. Ich würde sagen, dass liegt daran, dass meine Art zu lieben sehr allumfassend ist, weil ich werde dir stets das Allerbeste wünschen und das ändert sich nicht. Auch wenn du mich aus deinem Leben wirfst, weil ich letztendlich nicht gut genug war. Da ich glaube es liegt an mir, dass geliebte Menschen mich immer wieder verlassen, aber so oder so wünsche nur das Beste selbst, wenn mir das Herz gebrochen wird.

Keinen Sinn gefunden

Ich weiß nur was Glück ist
Wenn du in meiner Nähe bist
Weil du hast meine Welt
Gänzlich auf den Kopf gestellt
Aber jetzt ist das alles nicht mehr
Ich vermisse dich trotzdem sehr
Weil du bist, einfach so verschwunden
Und ich habe nie ein Sinn dahinter gefunden

Interessen Verlust

Sie schaut in meine Augen
Aber ich kann nicht vertrauen
Weil sie verliert, schnell das Interesse
Obwohl ich sie nicht vergesse
Auch wenn ich es probier
Weil sie ist, nicht mehr hier
Und das zerreißt mir das Herz
Womit verdiene ich diesen Schmerz?

Gerne mit dir

Ich bin gerne hier
Ich bin gerne mit dir
Ich bin gerne ein Wir
Ich bin gerne wach bis nachts um vier
Weil ich dir zuhöre
Auch wenn ich am Ende alles zerstöre
Da ich wieder versag
Tut mir leid, dass ich dich mag
Weil du magst mich nicht
Aber das ist in Ordnung für mich
Weil ich wünsche, nur das Beste für dich
Und das bin leider nicht ich

Alles für dein Lächeln

Ich würde durch die Hölle gehen
Um dich gewinnen zu sehen
Ja, ich verbrenne 100-mal
Außer dein Glück ist alles egal
Oder ich ertrink 100-mal im Ozean
Damit ich dich wieder sehen kann
Oder ich blute 100-mal aus
Hauptsache du gehst mit einem Lächeln raus
Das sind schmerzhafte Arten zu gehen
Aber nicht so schmerzhaft, wie dich nie wiederzusehen
Ja, ich würde immer wieder sterben für dich
Hauptsache du verlierst dein Lächeln nicht

Buch 2

Das ist mein zweites Buch
Doch der größte Fluch
Bin noch immer ich
Weil wie immer schaffte ich es nicht
Gut genug zu sein
Deswegen bleibe ich allein
Für alle Zeit
Mir tut alles unendlich leid

Schönste Frau der Welt

Sie ist die schönste Frau der Welt
Obwohl sie mich gefangen hält
In ihren eiskalten Händen
Sie kann alles beenden
Da auf ihr Wort, meine Welt zerbricht
Dennoch ist dieses Gedicht
Wie viele andere die ich schrieb
Für sie, die Frau die nicht blieb

Mond

Ich rede mit dem Mond über dich
Und schon wieder frage ich mich
War ich nicht gut genug zu dir
Oder warum bist du nicht mehr hier?
Ich habe viele Fragen, aber du antwortest nicht
Was mich unfassbar zerbricht
Und zerstört
Hast du meine Hilfeschreie nicht gehört?
Oder waren sie dir egal
Für mich ist, dass alles eine Qual

Schlaflos

Ich kann nicht schlafen, weil ich habe Angst dich zu verlieren
Deswegen gehe ich lieber spazieren
Und erzähle dem Mond von dir
Vielleicht bist du nie wieder hier
Aber statt zu weinen, habe ich dem Mond erzählt
Wie sehr mir deine Gegenwart fehlt
Weil du brachtest mir Licht
Dabei verdiene ich
All diese Dunkelheit
Mir tut es unendlich leid
Das ich nicht gut genug war
Ich bin immer für dich da

Taugenichts

Du sagst ich bin ein Taugenichts
Tut mir leid, aber ich brauche dich
Um etwas besser als nichts zu sein
Mit dir bin ich gern allein
Weil mit dir tut Einsamkeit nicht weh
Ich weiß nicht, was ich in dir seh
Da ich noch immer nicht verstehe
Wann ich wieder gehe
Da du sagst, es ist an der Zeit
Du bist für ein Leben ohne Dunkelheit bereit
Und das bedeutet ein Leben ohne mich
Sei sicher, ich vergesse dich nicht
Weil ich bin, immer für dich da
Selbst wenn ich dich Jahre nicht sah
Sag einfach nur ein Wort
Und du hast mein Support

Nicht halb so schön wie du

Ich sitz auf meinem Fensterbrett
Als wenn ich nicht so viel Ängste hätte
Und blicke hoch zu den Sternen
Ich erzähle ihn viel zu gern
Wie schön ich sie find
Wobei sie nicht halb so schön sind
Wie du
Weil bei dir komme ich zu Ruh
Trotz meiner ganzen Dunkelheit
Ich verbring so gern mit dir Zeit
Und schreib für dich Zeilen
Weil mit dir kann ich sie teilen
Und dafür danke ich dir
Weil du heilst Narben von mir
Die vor dir, da waren
Ich werde nie solch Sanftmut erfahren
Wie den von dir in diesem Augenblick
Wenn ich dir in die Augen blick

Das achte Weltwunder

Es gibt so viele schöne Wunder auf der Welt
Wobei mir keins so sehr wie du gefällt
Weil nichts kann mir so sehr den Atemrauben
Wie ein Blick in deine Augen
Denn blicke ich in sie, bleibt die Zeit ein wenig stehen
Ich werde nie so ganz verstehen
Wie Leute sagen, sie wissen was Schönheit ist
Obwohl du ihn nie begegnet bist
Denn du bist so viel mehr
Ich danke dir wirklich sehr
Weil du hast mir die Bedeutung von zeitloser Schönheit gebracht
Und ich habe bei dir so ehrlich gelacht
Deswegen du bist mein Licht in der dunkelsten Nacht
Und für mich auch Weltwunder Acht

Immer ein Stückchen zu schlecht

Ich habe mich so oft entschuldigt bei dir
Aber trotzdem bist du nicht mehr hier
Weil ich habe, wieder versagt
Hätte ich doch nicht so oft gefragt
Ist wirklich alles okay?
Tut mir leid, dass ich wieder nicht versteh
Und schon wieder sag es tut mir leid
Ich verschwendete nur deine Zeit
Und das sorgt dafür, dass mein Herz zerbricht
Weil du bist der Beweis für mich
Jeder der mich verließ, hatte recht
Ich bin einfach immer ein Stückchen zu schlecht
Um gut genug zu sein
Deswegen bleib ich ab jetzt allein
Ich werde vielleicht ein paar Monate weinen
Und danach wird zwar nicht wieder die Sonne scheinen
Aber ich bin dann stark genug mein Leid zu ertragen
Mich werden dennoch meine Schuldgefühle plagen
Weil ich war, nicht gut genug zu dir
Und ich weiß, dass ich dich gerade verlier

Besser sein

Meine Augen treffen auf deine
Du bist Grund, wenn ich meine
Ich möchte etwas besser sein
Aber ob ich, dass schaff, zeigt nur die Zeit allein
Trotzdem werde ich mein Bestes geben
Weil du bist großer Teil von meinem Leben
Und das schätze ich sehr
Denn bei dir fühle ich Glück etwas mehr
Und weniger meiner Dunkelheit
Deshalb bin ich dankbar für unsere gemeinsame Zeit

Zu viele Gedanken

Ich mache mir Zuviel Gedanken wegen dir
Ich habe so große Angst, dass ich dich verlier
Weil du bist, zwar nett zu mir
Aber trotzdem, wie lange bist du noch hier?
Das sind Dinge, die ich mich immer wieder frag
Weil ich mich nicht mal selbst Ertrag
Deswegen frag ich mich, wie du das kannst
Ich habe so unfassbare Angst
Aber das ist alles in nur gedanklich
Trotzdem fand ich
In deiner Nähe etwas Glück
Deshalb hast du von meinem Herz ein Stück

Blumen

Ich pflück dir Blumen in allen möglichen Farben
Weil du heilst, ein paar meiner Narben
Von den trage ich so viel auf meiner Haut und Seele
Ich weiß, dass ich dir nie so sehr fehle
Wie du mir am Ende fehlst
Ich liebe es, wenn du mir was erzählst
Egal, ob wichtig oder nur irgendein Mist
Es ist schön, wenn es der Klang deiner Stimme ist
Der die Worte spricht
Ich weiß, dass mein Herz zerbricht
In wahrscheinlich absehbarer Zeit
Aber ich bin für dieses Leid bereit
Weil mir war von Anfang an klar
Das du unsere Zeit mit einem Ablaufdatum versehen war

Mischkonsum

Ich höre den Regen
Ich kann mich wieder richtig bewegen
Es war vielleicht etwas zu viel Mischkonsum
Ich hatte die Hoffnung diesmal bringt es mich um
Aber ich bin wieder aufgewacht
Es hat also nichts gebracht
Das kann ich mir nicht vergeben
Von daher ertrag ich weiter dieses Leben
Dabei fühlt sich das an wie ein Fluch
Ich habe keine Angst, dass ich es wieder versuch
Sondern Angst, dass ich wieder versag
Und dir nicht vorher sag
Wie wichtig du mir bist
Auch wenn du mich nie vermisst
Auch nicht, wenn ich es endlich schaff zu gehen
Ich werde dich nie wieder sehen
Deshalb möchte ich mein Ende finden
Weil dann wirst du endlich aus meinem Kopf verschwinden

Wieder verpasst

Ich mix Alkohol und Promethazin
Vielleicht kann ich mir so mein Ende verdien
Und endlich nicht mehr aufwachen
Ich werde nie wieder so lachen
Wie damals mit dir
Weil du bist, nicht mehr hier
Dabei war ich bei dir ohne meine ganze Last
Aber naja ich habe es wieder verpasst
Einfach mal glücklich zu sein
Weil ich bin, wieder allein
Und die Schuld trag nur ich
Ich vermisse dich
Aber du antwortest kalt oder nicht
Weshalb etwas in meinem Herz zerbricht
Deshalb vielleicht ist das alles jetzt zu Ende
Weil ich dir keine Nachricht mehr sende
Und du mir nur eine schickst
Wenn du betrunken auf dein Handy blickst

Letzter Sonnenuntergang

Ich glaub ich bin kurz davor mich selbst aufzugeben
Ich würde gern einen letzten Sonnenuntergang mit dir erleben
Damit ich weiß, was wahre Schönheit ist
Da du an meiner Seite bist
Und meine Augen sehen nur dich
Währenddessen verblasst alles andere für mich
Weil deine Augen strahlen heller als jeder Stern
Ich habe dich unfassbar gern
Aber ich verstehe nicht, was du denkst
Da du mir mal so viel Nähe schenkst
Und dann wieder verschwindest
Als wenn du nur schlechtes in mir findest
Und ich weiß, damit hättest du recht
Weil ich bin für dich viel zu schlecht
Oder du bist für mich viel zu gut
Aber für dich finde ich den Mut
Etwas besser zu sein
Dabei weiß ich, ich Ende allein

Würdig

Ich schreib ein ganzes Buch
Darüber wie ich Versuch
Deiner würdig zu sein
Weil ich bin, schon so lang allein
Zumindest emotional
Weil all das körperliche ist egal
Wenn ich dabei nichts empfind
Vielleicht weil ich immer verschwind
Bevor ich wirklich empfunden habe
Vielleicht trage ich deswegen eine so große Narbe
Die die Einsamkeit auf meinem Herzen hinterließ
Da ich mich immer selbst verstieß

Sternschnuppe

Unter Sternen bist du die Sternschnuppe.
Und auch sonst bist du die Beste der Gruppe?
Deswegen habe ich alles für dich gemacht.
Aber das hat nichts gebracht
Weil du bist, nicht mehr in meinem Leben
Ich würde trotzdem wieder mein Bestes geben

Als meine Welt zerbrach

Ich weiß, dass meine Liebe nicht verblasst
Weil du mich gehalten hast
Als alles in meiner Welt zerbrach
Und ich nur noch mit mir selbst sprach
Allein in meinem Zimmer
Ich denk an dich immer
Bin ich schon wieder wach
Weil mit dir bin ich nicht schwach
Und du schenkst mir Frieden
Deswegen habe ich mich immer wieder für dich entschieden
Obwohl du so schlecht für mich bist
Bist du, was mein Kopf am meisten vermisst
Weil ohne dich, hätte ich es nicht so weit geschafft
Aber es kostete mich so viel mehr Kraft
Dich hinter mir zu lassen
Ich werde mich immer selbst hassen
Das ich in deine Arme floh
Aber so war ich halt einen Moment lang froh

Spiel des Lebens

Ich möchte mich in deine Arme fallen lassen
Um all das Leid zu verpassen
Das mich noch erwartet
Es ist wieder alles ausgeartet
Und ich habe mich so sehr selbst zerstört
Das hat dich bisher nie gestört
Aber ich habe Angst meine Dunkelheit ist dir Zuviel
Das weiß, ich nicht, weil das Leben ist ein Spiel
Aber ich muss die Regeln noch lern
Ich habe dich unfassbar gern
Aber vieles versteh ich nicht
Wie die Frage? Wieso magst du mich?
Ich bin voller Dunkelheit und Schmerz
Und du bist wie Licht und ein liebendes Herz
So viel anders und besser als ich
Genau deswegen verdiene ich dich nicht

Unzählige Zeilen

Ich schreibe unzählige Zeilen
So als könnten sie mich heilen
Aber in Zeilen finde ich die Antwort nicht
Aber vielleicht lerne ich genug über mich
Um ein wenig besser zu sein
Weil mittlerweile kann ich manchmal weinen
Um etwas von meinem Schmerz loszulassen
Sowie etwas weniger zu hassen
Weniger mich zu hassen, sowie die ganze Welt
Weil ab und zu gibst es Schönes das mir gefällt
Wie ihr Lächeln, dass so viel Glück in sich trägt
Sie hat mich positiv bewegt
Und noch viel positiver geprägt
Vielleicht habe ich, deswegen mein Herz in ihre Hände gelegt
Dabei hatte ich unfassbare Angst wieder zu vertrauen
Aber um in ihre Augen zu schauen
Würde ich so viel mehr als nur Vertrauen geben
Denn sie bringt Licht in mein dunkles Leben

Geträumt von dir

Ich habe von dir geträumt heute Nacht
Aber es hat mich nicht zum Lächeln gebracht
Weil stattdessen bin ich panisch aufgewacht
Und habe drüber nachgedacht
Wie realistisch ist diese Angst?
Das du mich einfach hassen kannst
Hass wie du ihn in meinen Träumen zeigst
Ich habe Angst das du nur eine Erinnerung bleibst
Die in meinen Alpträumen verweilt
Dabei bin ich bei dir etwas geheilt
Dafür Danke ich
Und nur alles Glück für dich

Sie ist Magie

Sie ist voller Magie
Wahrscheinlich vergesse ich sie nie
Egal, wie sehr ich es probier
Ich frage mich, wann ich sie verlier
Weil ich bisher immer alles verloren hab
Egal, wieviel ich gab
Deshalb verkrafte ich es nicht
Wenn sie mir das Herz zerbricht
Weil mein Herz ist, schon unfassbar zerstört
Aber das hat sie bisher nicht gestört
Doch mittlerweile bin ich zu kaputt für ihre Gegenwart
Aber ich bin dankbar, dass mir Zeit mit ihr gegeben war

Suff Gedanken 14.0

Ich schreibe Briefe und versiegle sie
Aber trotzdem vergesse ich die Ängste nie
Die ich in sie schreibe
Wie die Angst, dass ich immer alleine bleibe
Oder die Angst
Das du mich vergessen kannst
Oder die Angst, dass du mir deine Zeit nicht mehr schenkst
Weil du nie an mich denkst
Oder die Angst, ich verdiene dich nicht
Denn du bist zu gut für mich
Oder die Angst bei dir zu versagen
Weil nicht mal ich kann mich ertragen
Oder die Angst dich nie wiederzusehen
Wobei dann würde es dir besser gehen
Und ich wünsche dir wirklich nur Glück
Deshalb komme ich nie in dein Leben zurück
Aber es fällt mir schwer dir keine Nachricht zu schicken
Weil ich würde, gern ein letztes Mal in deine Augen blicken

Suff Gedanken 2.0

Ich schreib betrunken
Ich bin versunken
In diesen Augen
Aber ich darf nicht vertrauen
Das hat mich das Leben gelehrt
Weil ich bin, nicht genug wert
Das jemand, was tut, um in meinen Leben zu bleiben
Ich sollte einfach weiter Gedichte schreiben
Anstatt zu denken
Hätte ich ein Dschinn soll er mir nur eine Antwort schenken
Werde ich jemals wieder in ihre Augen blicken?
Oder wird sie mir nie wieder eine Nachricht schicken?
Das frage ich mich betrunken
Wieso bin ich nur in ihren Augen versunken?
Aber die Antwort finde ich nicht
Ich schreib ein ganzes Buch für dich
Aber du wirst es nicht lesen
Dein Leben wäre besser gewesen
Ohne mich
Noch immer vermisse ich dich
Und das wahrscheinlich noch eine ganze Zeit
Mir tut es auf ewig leid
Weil ich habe dir so viel Zeit geraubt
Denn wegen dir habe ich geglaubt
Das mich vielleicht mal jemand mag
Aber naja war mal wieder nicht so mein Tag

Suff Gedanken 13.0

Ich bin nicht von Bedeutung für dich
Und das ist in Ordnung für mich
Hauptsache du bist mit dem Ganzen zufrieden
Ich hätte mich vielleicht jetzt im Nachhinein anders entschieden
Und wäre nicht zum ersten Treffen gegangen
Weil dann wäre ich jetzt nicht so in Schmerz gefangen

Suff Gedanken 6.0

Betrunken denke ich nicht
Aber dafür fühle ich
Mein zersplittertes Herz
Und all den Schmerz
Der letzten Jahrzehnte
Dabei war alles wonach ich mich sehnte
Jemand der Licht in meine Dunkelheit bringt
Und jemand bei dem es nicht so klingt
Als würde er mich nur ertragen
Ich könnte auch einfach fragen
Darf ich dich nochmal Lächeln sehen?
Um danach aus deinem Leben zu gehen
Mit einer Erinnerung an etwas das Schönheit in sich trägt
Du hast etwas in mir bewegt
Das mir nicht so ganz gefällt
Weil auf einmal ist Licht in meiner Welt
Aber ich bin eigentlich nur betrunken
In irgendwelchen Gefühlen versunken
Aber bald hast du für mich keine Zeit
Deshalb bin ich jetzt schon bereit
Wieder in Dunkelheit zu leben
Als hätte es dich nie gegeben

Flasche Wein

Ich ertrink in etwas Zuviel Wein
Ich würde so gerne bei dir sein
Aber manchmal können Wünsche nur Träume bleiben
Du wirst mir keine Nachricht schreiben
Selbst wenn ich für die Unendlichkeit warten kann
Ich hoffe das ich dich irgendwann aus meinem Herz verbann
Damit ich mich etwas schütze vor dir
Weil am Ende sitze ich nur wieder mit Tränen hier
Und ertrinke in einer Flasche Wein
Denn ich bleibe für immer allein

Zu kaputt

Ich vermisse die ganzen Drogen
Manchmal frag ich mich hast du gelogen?
Als du meintest du willst mich nicht verlieren
Wie lange kann man sich noch reparieren?
Oder ab wann ist man zu sehr kaputt gegangen?
Ich bin in meinem Schmerz gefangen
Obwohl ich so lange schon einen Ausweg such
Aber ich bin mein eigener Fluch
Da ich immer irgendeinen Fehler mach
Bis ich am Ende nicht mehr lach
Weil ich irgendwen verloren hab
Dem ich etwas zu viel von meinem Herzen gab

Distanz

Du bist so voller Distanz für mich
Ich ertrag das nicht
Weil was in meinem Herz zerbricht
Und ich schreib nur ein Gedicht
Anstatt dich zu fragen
Soll ich auf Wiedersehen sagen
Weil ich dich nie wiedersehe
Sei sicher das ich dich versteh
Auch wenn es mich unendlich zerstört
Wenigstens habe ich mal deine Stimme gehört
Und dich lächeln gesehen, die Erinnerung wird niemals vergehen
Weil sie wird, immer für Schönheit stehen

Wahre Schönheit

Du weißt nicht, was wahre Schönheit ist?
Ich weiß, dass du die Antwort bist
Und ich würde sie gern mit dir teilen
Nicht nur durch diese Zeilen
Sondern mit einem Blick durch meine Augen
Glaub mir, du würdest staunen
Weil du hast mir den Atem geraubt
Ich hätte nie geglaubt
Solch Schönheit zu sehen
Ich weiß, du wirst irgendwann gehen
Daher danke, für jeden Blick, den du mir schenkst
Jeder einzelne bedeutet mir mehr als du denkst
Weil jeder Blick aus deinen wunderschönen Augen stammt
Ich wurde erst durch dich, mit der Schönheit bekannt
Dafür danke an dich
Ich vergesse dich nicht
Auch wenn du irgendwann fort bist
Und in meinem Herz nur noch Leere ist

Sterbebett

Manchmal frag ich mich ob ich auf meinem Sterbebett
Mir wünsche, dass ich mehr als eine Erinnerung hätt
Wie es war in deinen Armen zu liegen
Mit dir lernte ich das Fliegen
Dabei macht mir Höhe Angst
Aber ich weiß, dass du mit am besten kannst
Mich meine Ängste vergessen zu lassen
Ich werde dich niemals hassen
Egal, was auch passiert
Weil in meinem Herz immer ein Teil existiert
Der nur der deine ist
Weil du meine erste Liebe bist

Liebst mich nicht

Ich schrieb ein ganzes Buch nur für dich
Ich weiß du liebst mich .... Nicht
Und du wirst es auch niemals machen
Ich kann mittlerweile wieder lachen
Aber für 5 Jahre hast du mich in Dunkelheit verbannt
Ich habe trotzdem nie was Strahlenderes gekannt
Als das strahlen deiner Augen
Ich darf dir trotzdem nicht vertrauen
Weil wenn ich dich wieder in mein Leben lass
Habe ich Angst, dass ich selbst verblass
Weil ich war und bin nie dein Held
Ich wünsche dir nur alles Glück der Welt
Aber ich werde nun weiterziehen
Weil ich möchte, schon so lange fliehen
Aber jetzt kann ich in Frieden gehen
Ich hoffe du lässt die Welt dein Lächeln sehen

Feigen

Ich pflück dir Feigen
Lass mich dir Unendlichkeit zeigen
Unendlichkeit die vielleicht in einer Sekunde wieder zerbricht
Weil am Ende bist du nicht
Nicht mehr in meiner Nähe
Auch wenn ich dich in allem sehe
Was etwas Schönheit in sich trägt
Du hast etwas zu viel in mir bewegt

Nie wieder froh

Ich wünsch mir jemand der mich trotz der Dunkelheit in meiner Seele sehen kann
Ich dachte das ich das in dir fand
Was ein Fehler war
Weil du bist, nicht mehr da
Und das ist in Ordnung so
Ich bin nur vielleicht nie wieder froh

Schreckliche Welt

Die Welt ist wieder schrecklich
Ich glaub ich versteck mich
Etwas zu viel in meinem Raum
Ich seh dich, in dem ein oder anderen Traum
Was unfassbar schön ist
Da du nie hier bist

Niemals fair

Vielleicht sollte ich aufgeben
Und ohne dich leben
Aber das fällt mir unfassbar schwer
Weil ich lieb dich noch sehr
Dabei sind wir schon lange nicht mehr
Und es wird niemals fair
Das jeder sagt: „jetzt vergiss sie“
Dabei werde ich das nie
Weil ob ich will oder nicht
Ich denk an sie bei jedem schönem Gesicht

Nie existiert

Wir reden nicht mehr
Ich vermisse dich sehr
Ich weiß nicht, was ist passiert?
Es ist, als hätte ich nie existiert
Weil du einfach so gegangen bist
Was auch in Ordnung ist
Weil dein Glückt das Wichtigste ist für mich
Aber ich vergesse dich nicht

Alles versprochen

Ich hätte ihr alles versprochen
Dabei hat sie mir das Herz gebrochen
Dennoch nur alles Gute für sie
Auch wenn ich mir nie verzieh
Das ich nicht genug für sie war
Nur deshalb ist sie nicht mehr da

Nie ganz verblassen

Ich möchte alles hinter mir lassen
Da meine Narben nie ganz verblassen
Deswegen kommt dann alles wieder hoch
Und ich vermisse dich immer noch
Deshalb schreib ich, während mein Herz zerbricht
Ein Gedicht über dich
Darüber wie großartig dein Wesen ist
Obwohl du die Ursache bist
Das ich schon wieder leide
Niemals wieder gibt es ein wir beide

Borderline

Lass unser Treffen verschieben
Weil du kannst mich nicht lieben
Zumindest sagt das mein Borderline
Aber das redet mir vieles ein
Wie das niemand mich mag
Da ich mich nicht mal selbst ertrag

Auf dieser und jeder anderen Welt

Egal wie viele Leute noch gehen
Dich werde ich in meinen Träumen sehen
Weil du das Sinnbild bist
Für das, was wahre Schönheit ist
Auf dieser und jeder anderen Welt
Du bist die einzige Frau, die mir gefällt

Für immer war für immer

Ich möchte in deine Augen schauen
Kann ich dir wieder vertrauen?
Weil ich habe mich in deinen Augen verloren
Ich hätte dir die Ewigkeit geschworen
Aber jetzt bin ich allein in meinem Zimmer
Unser für immer war nicht für immer
Trotzdem träume ich von deinen Augen
Und muss immer wieder staunen
Wie unfassbar schön sie sind
Da ich in deinen Augen alles find
Was für Schönheit steht
Weshalb kein Tag vergeht
An dem ich nicht an denk
Oder dir keine Verse Schenk

Unendlich gern

Ich möchte da für dich sein
Weil ich weine auch nicht gern allein
Wobei wahr ist das nicht
Und dafür hasse ich mich
Denn ich kann nicht mehr weinen
Also kann nie wieder die Sonne scheinen
Weil diese kommt nach dem Regen
Darf ich mich in deine Arme legen?
So finde ich keine Sonne, aber du bist nicht mehr fern
Ich habe dich so unendlich gern

Alles gefunden

Habe mein Kopf an ihre Schulter gelehnt
Und alles gefunden wo nach mein Herz sich sehnt
Weil für dich habe ich vergessen, wie man hasst
Doch, ich habe nie in deinen Leben gepasst
Dich glücklich zu sehen, war trotzdem das Ziel
Und für dich war es vielleicht nur ein Spiel
Weil du hast mein Herz so sehr zerrissen
Wie lange muss ich dich noch vermissen?
Bis ich endlich Frieden find
Weil ich alles Gute nur mit dir verbind

Was du willst

Ich zünd meine Kippe an
Und hoff ich vergesse dich irgendwann
Aber mein Herz möchte nicht vergessen
Können wir nicht einfach reden bei einem Essen
Und in die Zukunft gemeinsam sehen
Aber ich kann natürlich trotzdem gehen
Sollte es das sein, was du willst
Selbst wenn du damit etwas in mir killst

Einen Moment lang

Ich wünsche mir das du schreibst
Selbst wenn du nur einen Moment lang bleibst
Aber älter werden, heißt akzeptieren
Das wird niemals passieren
Weil es gibt, gar kein wir
Denn du bist seit Ewigkeiten nicht mehr hier

Frieden

Ich habe mich immer für dich entschieden
Weil du stehst für Frieden
Den ich seit Jahren such
Da ich die Kriege verfluch
Die in meiner Familie ständig sind
Während ich in deinen Armen find
Was man zu Hause nennt
Ich wünsch mir ein Ende, wie man es aus Filmen kennt

Keine Pause

Ich mach keine Pause
Geh allein nach Hause
Und schreib bis nach Mitternacht
Was hast du mit meinem Herz gemacht?
Fünf Jahre und hunderte Gedichte
Aber keins erzählt eine Geschichte
Die ein gutes Ende hat
Trotzdem zieh ich kein Cut
Da ich es nicht schaff
Weshalb ich noch Zeilen für dich erschaff

Mal schauen

Ich geh zum ersten Mal wieder spazieren
Vielleicht kann ich mich in deinen Augen verlieren
So verlieren, dass die Zeit stehen bleibt
Und dass jemand drüberschreibt
Weil man etwas empfindet
Sowie schönes mit verbindet
All das denk ich mir
In diesem Moment mit dir

Worte von dir

Darf ich mich in deinen Augen verlieren?
Weil ich kann mich nicht mehr artikulieren
Denn wir telefonieren bis 2 Uhr in der Nacht
Was hast du nur gemacht?
Das ich schlafen nicht mehr wichtig find
Weil die Worte von dir schöner sind

Letzte Tüte

ich rauch eine letzte Tüte
Dann pflück ich für dich die allerschönste Blüte
Die ich am Straßenrand erblick
Tut mir leid, dass ich dir kein Liebesbrief
schick
Weil ich zu schüchtern bin
Aber wo ist dann der Sinn
Das ich diese Briefe verfass
Wenn ich dich sie nicht lesen lass

Traum

Mitten in der Nacht fragst du nach meinem Traum
Ich sage 300 km/h das Ziel ein Baum
Oder für immer in deine Augen schauen
Aber dafür müsste ich dir vertrauen
Doch Menschen kann man nicht glauben
Aber beim Blick in deine Augen
Bleibt die Zeit stehen
Trotzdem möchte ich gehen
Weil ich habe Angst
Das du mich irgendwann hassen kannst

Lieblingsmensch

Lass uns das Lächeln nicht verlieren
Und gemeinsam existieren
Am Ende der Nacht
Ich habe dir Essen gemacht
Was auch immer deine Lieblingsessen ist
Da du einer meiner Lieblingsmenschen bist

Noch ein Gedicht

Es gibt schöne Menschen und dann gibt es dich
Vielleicht schreib ich noch ein Gedicht
Darüber wie toll ich dich find
Auch wenn ich dann verschwind
Weil ich mich selbst nicht ertrag
Aber bis dahin denke ich an dich jeden Tag

Bei dir

Lass Mich in deine Arme fliehen
Weil ich möchte, nicht mehr ziehen
Um was zu empfinden
Deswegen lass mich in deinen Armen verschwinden
Damit mich die Welt nicht entdeckt
Bei dir habe ich mein Herz versteckt

Unendlich kalt

Ich bin unfassbar lang weggerannt
Und hab mich selbst verbannt
Aus der Welt meiner Gefühle
Habe Angst das ich unterkühle
Weil mir ist unendlich kalt
Ich verliere den Halt
Und habe niemand der mich fängt
Weil dir habe ich mein Herz geschenkt
Aber du denkst nicht an mich
Dabei brauche ich nur dich

Kalt im Frühling

Mir ist im Frühling kalt
Du bist wie mein Halt
In der Dunkelheit der Nacht
Weil du hast mir Wärme gebracht
Da ich für dich positives empfind
Und mit dir positives verbind
Sowie nur gutes assoziier
Dabei bist du nie wieder hier
Da ich dir nicht wichtig bin
Deshalb macht Hoffnung keinen Sinn

Fast jedes Gedicht

Ich war verliebt in eine wunderschöne Frau
Der ich heut nicht mehr vertrau
Weil sie hat mein Herz gebrochen
Ich hätte ihr die Welt versprochen
Aber sie wollte mich nicht
Für sie ist fast jedes Gedicht
Das ich jemals schrieb
Sie ist die Frau, die nicht blieb

Habe dir vertraut

Wir schreiben nicht mehr
Ich vermisse dich sehr
Wie andere Menschen auch
Aber du bist, was ich brauch
Weil dir habe ich vertraut
Bei dir bin ich aufgetaut
Und war nicht mehr kalt
Dann nahmst du mir den Halt
Weil du bist, gegangen
Und ich bin in Erinnerungen und Schmerz gefangen

Verbrannt

Ich habe mich verbrannt
Weil ich hielt deine Hand
In dieser schicksalhaften Nacht
Was hast du mit meinem Herz gemacht?
Bei diesem einen Tanz
Weil ich vergesse dich nie so ganz
Egal, wie oft ich es probiere
Da ich am Ende verliere
Und wieder an dich denk
Weshalb ich dir diese Verse Schenk

Nicht blieb

Streich mir über das Haar
Damit ich Sanftmut erfahr
Weil ich habe mich selbst nicht lieb
Das ist was ich für dich schrieb
Sowie unzählige Zeilen
Lass sie mich teilen
Nur mit dir
Ich wünsche mir so sehr ein Wir

Schönste Frau der Galaxie

Du bist die schönste Frau der Galaxie
Ich vergesse dich nie
Auch wenn ich es probier
Weil du bist, nicht mehr hier
Und du kommst nie mehr zurück
Aber wie finde ich nun Glück
Weil du warst mein Licht
Und nun verliere ich mich
In Schmerz und Dunkelheit
Mir tut es unendlich leid
Weil ich nicht gut genug zu dir war
Nur deswegen bist du nicht mehr da

Verbrannt an dir

Ich bin verbrannt an dir
Du bist nie wieder hier
Und das wird so bleiben
Deswegen kann ich nur schreiben
Irgendwelche Zeilen
Ohne sie mit dir zu teilen
Dabei sind sie über dich
Und darüber, wie du mich zerbrichst

Regen

Ich lauf durch den Regen
Kann ich dein Herz bewegen?
Ich glaube nicht
Weil meins wegen dir schon wieder zerbricht
Und das scheint dir egal zu sein
Weil du liest mich allein
Und das fiel dir leicht
Ich habe schon wieder nicht gereicht

Angst

Jetzt bin ich mit dem Glück bekannt
Aber ich bin weggerannt
Weil ich hatte Angst es kommt zu nah
Als ich in deine Augen sah

Ohne Drogen

Ich habe es ohne Drogen probiert
Obwohl mein Herz dich verliert
Da ich weiß das ich das nicht übersteh
Weil ich nie wieder schöneres seh
Als dich, wie du gelächelt hast
Dabei hast du jeden Moment verpasst
In dem ich was richtig machte
Tut mir leid, dass ich dir keine Rosen brachte
Weil dafür war ich zu schüchtern
Aber für dich wurde ich nüchtern
Und das mein Leben lang
Obwohl ich das so nicht ertragen kann

Zu spät

Ich gestehe mir ein
Ich möchte bei dir sein
Weil du schenkst mir Frieden
Ich habe mich für dich entschieden
Aber du dich nicht für mich
Dabei vermisse ich dich
Und das viel zu sehr
Weil für dich existier ich gar nicht mehr
Das habe ich zu spät realisiert
Aber dennoch akzeptiert
Das du mir nicht schreibst
Weil du nicht Teil meines Lebens bleibst

Graue Welt

Die Welt wird wieder grau und mein Kopf wird es auch
Das ist die Zeit in der ich deine Nähe brauch
Aber du wirst sie mir nicht schenken
Dabei muss ich ständig an dich denken
Und das noch mehr, wenn ich einsam bin
Da wir das niemals gemeinsam sind

Unwissend

Ich bin wieder unwissend
Und die Schönheit missend
Die ich in deinem Antlitz fand
Nie war mir schöneres bekannt
Aber nun bist du fort
Ich verfluche diesen Ort
Weil er erinnert an dich
Was mich zu sehr zerbricht

Zwischen allem und nichts

Zwischen allem und nichts bin ich allein
Dabei möchte ich bei dir sein
Aber das geht leider nicht
Weil du magst, nicht mich
Sowie ich dich mag
Denk an dich den ganzen Tag
Und das schon viel zu lang
Da ich dich nicht vergessen kann

Wärme

Dein Lächeln schenkt mir so viel Wärme.
Nichts und niemand habe ich so gerne.
Da ich Vergleichbares niemals sah.
Bist du der Mensch dank dem ich die Bedeutung von Perfektion erfahr?
Denn das ist es, was ich mit dir verbinde.
Da ich in deinen Augen meinen Frieden finde.

Tristan und Isolde

Ein Ritter der für seine Königin in die Schlacht zieht.
Weil er in ihren Augen wahre Liebe sieht.
Denn auch wenn er es nicht beschreiben kann.
Seit ihrer Liebe ist er ein besserer Mann.
Und trotzdem erfordert die Liebe seinen ganzen Mut.
Denn für sie opfert er sich bis zum letzten Tropfen Blut.
Da sie einfach nicht zusammen sein sollten.
Weswegen sie in den Armen des anderen sterben wollten.
Deshalb wurde ihre Liebesgeschichte bekannt.
Damals hat man die beiden Tristan und Isolde genannt.

Danksagung

Danke an:

Dunkelheit mit einer Prise Schmerz